Berlin den 20.4.2000

DAVID

Lieber David.

Ich wünsche Dir viel Glück in Deinem weiteren Leben

Deine Kollegin

Karin Liege
Hitzigallee 19
10785 Berlin

Eine kleine Erinnerung

Karin

Heiteres & Unterhaltsames,
Wissenswertes & Kurioses
zum Namen

David

Verlag Styria

Printed in Germany

Konzeption und Realisation: Don Bosco, München
Recherche: Peter Böttcher
Autor: Ernst Emrich
Gesamtredaktion: Ernst Emrich
Grafik und Layout: Felix Weinold

Satz: Salesianer Druck, Ensdorf
Druck und Bindung: Friedrich Pustet, Regensburg
ISBN 3-222-20008-4

Gedruckt auf umweltfreundlich hergestelltem Papier

Liebe Leserin, lieber Leser,

Sie haben dieses Buch geschenkt bekommen? Das wäre ein Kompliment für die freundliche Person, der Sie es verdanken. Warum? - Weil nichts persönlicher ist als unser Vorname und weil die Verbindung von Geschenk und Namen ein höchst *persönliches* Geschenk ergibt. Selbst ein Blumenstrauß würde sich da schwertun zu konkurrieren, vom Verwelken ganz zu schweigen!

Lassen Sie sich also überraschen, was Sie über Ihren Namen Neues erfahren werden, und unterhalten Sie sich gut bei den heiter-nachdenklichen Texten großer Autoren. Sie werden übrigens sehen - oder besser lesen: Das Thema „Namen“ erschöpft sich nicht mit den Vornamen. Schließlich gibt es ja noch Familiennamen und Decknamen, Künstlernamen und Spitznamen, Modenamen - und Namensmoden ...

Der Reiz der Beschäftigung mit Namen hat sich auch uns erst während der Arbeit so richtig erschlossen, samt allen Zusammenhängen und Assoziationen, wie sie sich aus Geschichte und christlich-kultureller Tradition ergeben. Wenn sich das alles dann noch in formaler Vielfalt darstellt, umso besser!

Wir wünschen Ihnen viel Freude bei den Lese-Ausflügen rund um Ihren Namen!

Ernst Emrich

Inhalt

Alles über David

Nomen est omen 9
Bedeutung und Geschichte des Namens David 9
Verbreitung und Namensformen 10

Gibt es einen heiligen David? 12
David von Wales (12) – David von Schweden – David von Himmerod – David von Augsburg (13) – David: Kriegsheld – Mörder – Gottesmann (14)

Wer den Namen David trägt 20
D. Lloyd George (20) – D. Ben Gurion (21) – Dwight D. Eisenhower – D. McTaggart (22) – Caspar D. Friedrich (23) – D. von Dinant – D. Brewster – D. Livingstone (24) – Maximilian D. Berlitz – D. Oistrach (25) – Dave Brubeck – D. Bowie – Johann Nepomuk David (26) – D. Tudor – D. Kalisch – D. Copperfield (27) – D. Wark Griffith (28) – D. Niven – Danny Kaye (29)

Und dann war da noch 30
Der „Davidschild" 30
David und die Musen 31
Vermischtes 32

Fast alles über Namen

Wenn wir keine Namen hätten ... 33
„Kannitverstan“ von Johann Peter Hebel ... 37
Im Anfang war der Vorname ... 41
„Senorita Milagros“ von Victor Auburtin ... 47
Wer bin ich eigentlich? - Name und Person ... 50
„Noch einmal: Wer bin ich?“ von Helmut Zöpfl ... 54
Von Modenamen und Namensmoden ... 55
„Mich gibt es doppelt“ von Eike Christian Hirsch ... 59
Heilige - was sind das für Leute? ... 62
„Der Himmel“ von Albert Schweitzer ... 65
Legenden: nichts als fromme Märchen? ... 67
„In Gottes Namen“ hat die Großmutter immer gesagt ... 70
Taufe, Paten, Namenstag ... 74
„Wettdichten mit dem Urgroßvater“ von James Krüss ... 77
„Namenssuche“ von Joseph von Westphalen ... 82
Wie Eulenspiegel geboren und dreimal getauft wurde ... 84
„Leben mit einem ungewöhnlichen Vornamen“ von Erdmute Heller ... 85
Ein Kind ist doch kein Haustier! - Vorsicht bei der Namenswahl ... 88
„Vor Johanni bitt' um Regen ...“ - Namen in alten Bauernregeln ... 93
Heilige sind für alles gut ... 99

☞ 7

Von Schwester Nivea und einem Brief aus Rom ... 102
„Ilse Bilse, niemand will se" – Namen in Kinderreimen ... 106
Schiller, Spitzweg, Fürst und Teufel – Wo kommen unsere Zunamen her? ... 111
„Die guten Bekannten" von Eugen Roth ... 118
Otfried Preußler erzählt aus der Namenswerkstatt ... 118
Was Abraham a Santa Clara mit Mark Twains Vater gemeinsam hat ... 122
Von Päpsten, Künstlern und Ganoven ... 125
Wenn ein Name zum Begriff wird ... 130
Rothlauf, Wurm und Stubenrauch: – Namenskuriositäten ... 135
Namen wie Pech und Schwefel ... 138
Statt eines überflüssigen Nachworts ... 141

Und dann gibt es in dieser Reihe noch über 100 weitere Namen ... 142
Quellenverzeichnis ... 144

Nomen est omen

In Sprichwörtern liegt sicher ein Körnchen Wahrheit. Sie stimmen und stimmen auch nicht. So ist es auch mit diesem alten Spruch der Römer, wonach dem Namen eine tiefere Bedeutung, vielleicht sogar etwas Wegweisendes innewohnt. Daran denken natürlich auch Eltern, wenn sie einen Namen für ihr Kind suchen. Er soll es begleiten durch ein ganzes Leben, soll ihm wie eine zweite Haut sein, in der es sich wohl fühlt. Wenn ein Name seinem Sinn nach nicht besonders aussagekräftig ist, dann sollen Menschen, die ihn früher getragen haben oder heute tragen, mit ihren guten Eigenschaften so etwas wie Vorbilder sein für das Kind. – In jedem Falle lohnt es sich, einmal dem eigenen Namen nachzugehen. Denn mehr als ein bloßes Etikett zur besseren Unterscheidung ist unser Name gewiß!

Bedeutung und Geschichte des Namens David

Bei David sind sich die Sprachgelehrten nicht recht im klaren, was der Name ursprünglich bedeutet hat. Es gibt nämlich verschiedene Möglichkeiten. Zum einen könnte David die Bedeutung „Liebling“

oder „Geliebter" haben, dann aber auch „Vatersbruder" heißen. Da man mit einem Namen, der auf deutsch „Onkel" bedeutet, nicht viel anfangen kann, bleibt also der „Liebling" übrig – und das ist ja weiß Gott nicht schlecht! Welchem Kind wäre das nicht zu wünschen, daß es sich ein Leben lang geliebt wissen darf!

Aber vielleicht zählt für einen heutigen David doch viel mehr, was man von dem weiß und schätzt, der sozusagen als der Urpatron aller, die David heißen, gilt. Wir meinen den König, den kleinen Kerl mit der Schleuder, den tüchtigen Feldherrn und Psalmisten. Er ist ja wohl, auch wenn es noch manchen David nach ihm gegeben hat, der Farbigste unter allen Namensträgern. Kein Wunder also, daß auch hierzulande, etwa seit dem späten Mittelalter, viele seinen Namen bekommen haben. Vor allem seit der Reformation setzte sich der David durch – warum, das ist auf Seite 41 nachzulesen. Später trugen auch berühmte Männer zur Verbreitung des Namens bei, besonders in England.

Verbreitung und Namensformen

Auch im zwanzigsten Jahrhundert ist der Name wieder sehr gebräuchlich: in den USA und in Großbritannien etwa seit 1950, später auch in Deutschland und Frankreich. Bei aller Beliebtheit taucht er jedoch zwischen 1970 und 1995 nicht unter den

„Top Ten" der meistvergebenen Namen Deutschlands auf. Eine Ausnahme bildet das Jahr 1992, aber nur in den neuen Bundesländern. Dort stand er damals ranggleich mit Jessica auf Platz 10. Entgegen dem bundesweit schwächeren Trend rangierte David 1989 im Standesamt von Frankfurt am Main auf Platz 10 der beurkundeten Namen.

In Österreich lag David 1984 auf Rang 24 der Liste der meistgewählten männlichen Vornamen. Auch fünf Jahre später ist keine aufsteigende Linie zu erkennen. Unter die 20 häufigsten hat er es jedenfalls nicht geschafft. – Immerhin räumt die Gesellschaft für Deutsche Sprache im Jahre 1996 David einen Platz unter den 50 Jungennamen ein, die in den vergangenen 25 Jahren am häufigsten vergeben wurden.

Die Variationsbreite des Namens in den verschiedenen europäischen Sprachen hält sich – im Vergleich zu anderen Namen – in engen Grenzen. Das hängt wohl damit zusammen, daß die Herkunft so eindeutig und dominant ist, daß fast alle Völker den Originalnamen übernommen und überliefert haben. Deshalb fallen eigentlich nur die Kurz- und Koseformen als Abwandlungen auf, der deutsche Vit, der bei den Schweizern etwas zärtlicher Vid oder Vidli heißt, und der Dawes sowie der Dofele (!); im Englischen gibt es auch Dave oder Davy, liebevoll Taffy genannt; im Italienischen heißt der David ganz regulär Davide und im Französischen manchmal auch Daudet.

☞ 11

Gibt es einen heiligen David?

Diese Frage ist so überraschend, daß vermutlich nicht einmal ein Religionslehrer sie auf Anhieb beantworten könnte. Die Frage ist also, ob es in der christlichen Tradition – unabhängig vom David des Alten Testaments – herausragende Gestalten dieses Namens gibt.

Wir sind tatsächlich fündig geworden und haben bei der Suche eine interessante Entdeckung gemacht: Von den vier Männern, die wir gleich vorstellen wollen, sind alle in Nord- und Mitteleuropa zu Hause gewesen.

David von Wales

6. Jahrhundert

Sein Leben ist weitgehend unbekannt. Man weiß nur, daß er Mönch gewesen ist, als Berater und Seelenführer gefragt war und zunächst wohl in den Bergen von Wales gelebt hat. Später soll er Gründer, erster Bischof und Abt von St. David gewesen sein. Das entnehmen wir der legendarischen „Davidvita" aus dem Jahre 1090.

Er gilt als Heiliger und wird nachweislich bereits seit dem 12. Jahrhundert als Patron von Wales verehrt. Sein Grab in St. David soll schon früh eine Pilgerstätte gewesen sein. Der 1. März ist sein Festtag. Dargestellt wird er als Bischof mit einer Taube auf der Schulter.

David von Schweden
11. Jahrhundert

Der gebürtige Engländer zog als Benediktinermissionar nach Schweden, um dort das Evangelium zu verkünden. Er ließ sich im Västmanland nieder, wo er in Munktorp ein Kloster gründete. Dort ist er auch um 1080 gestorben. Gelegentlich wird er als erster Bischof von Västeras erwähnt. Sein Gedenktag ist der 15. Juli.

David von Himmerod
12. Jahrhundert

Er wurde in Florenz geboren, trat aber 1131 als Mönch bei den Zisterziensern von Clairvaux ein. Drei Jahre später schickte ihn Bernhard von Clairvaux mit einigen Gefährten in die Eifel, um das Kloster Himmerod zu gründen. Dort ist er am 11. Dezember 1179 gestorben. Man sagt, David sei ein Mystiker gewesen mit visionären Erfahrungen und der Gabe der Wunder. Bald nach seinem Tod setzte die Verehrung dieses frommen Mannes ein.

David von Augsburg
um 1200/1210 - 1272

Auch er war ein Ordensmann. Der geborene Augsburger schloß sich als einer der ersten Deutschen dem gerade erst gegründeten Orden des heiligen

Franz von Assisi an. Er wirkte als Seelsorger in Magdeburg und war von 1235 bis 1250 Novizenmeister seines Ordens in Regensburg. Außerdem war er ein beliebter Volksprediger. Auch er wird zu den Mystikern gezählt. Seiner Feder verdanken wir die frühesten Schriften der deutschen Mystik. Am 19. November 1272 ist David in Augsburg gestorben.

Diese hochachtbaren Gestalten des frühen Mittelalters mögen uns verzeihen, aber bei aller Verehrung, die ihnen durch Zeitgenossen und Nachfahren zuteil wurde - was Bekanntheit und Popularität angeht, können sie sich mit jenem David, der es vom Hirtenknaben zum König gebracht hat, nicht im entferntesten messen. Weil das so ist, sei wenigstens in Kurzfassung das aufregende Leben dieses Ur-David erzählt. Wer nur die Geschichte von David und Goliath kennt, kennt David nämlich nicht einmal zur Hälfte!

David: Kriegsheld – Mörder – Gottesmann
1004–965 v. Chr.

Vor rund 3.000 Jahren wurde in der kleinen Stadt Betlehem einem achtbaren Mann namens Isai (Jesse) ein Sohn geboren. Der hütete wie seine Brüder Ziegen und Schafe. (So war es auch noch tausend Jahre später üblich, als dort ein anderer Knabe „aus dem Hause und Geschlechte Davids" geboren wurde.)

Den Israeliten ging es nicht gut. Fremde Völker waren ins Land eingefallen, vor allem die Philister. Diese waren besser ausgerüstet als das Volk der Hirten und Bauern, das noch bronzene Waffen benützte, während die Philister schon das Eisen kannten. Und was noch schlimmer war: die jüdischen Stämme waren untereinander uneinig. König Saul konnte immer nur fallweise schnell ein paar Kämpfer zusammenholen. So zog er gegen die Profi-Soldaten der Philister oft den kürzeren. Hinzu kam, daß er beim Gott Israels nicht gut angeschrieben war. Der Herr bereitete insgeheim einen Führungswechsel vor und hatte dazu dem Propheten Samuel schon einen Spezialauftrag erteilt.
Über Isai und seine Söhne wäre sicher nie ein Wort gefallen, wenn sie nicht eines Tages Besuch bekommen hätten. Samuel erschien, mit einem Stierhorn voll Öl bei sich, und sollte auf Gottes Geheiß einen der Söhne heimlich - und sozusagen im voraus - zum König salben. Nun traten sie alle an, aber keiner war der Richtige, bis der Vater zugab, draußen auf dem Feld sei noch der Kleinste. Und genau der war es, den Samuel suchte und den er salbte.

Königsfreundschaft – Königshaß

David hatte die Zeit bei den Herden genutzt und sich das Harfespielen beigebracht, und da er auch eine schöne Stimme hatte, kannte ihn bald jeder als begabten Sänger. Davon hörte auch König Saul und ließ sich von ihm die Depressionen vertreiben, die ihn immer wieder befielen. Er fand Gefallen an dem Jungen und machte ihn zu seinem Waffenträger. Sauls Sohn Jonathan wurde Davids bester Freund. Zu dieser Zeit präsentierten die überheblichen Philister 40 Tage lang ihren Goliath und forderten von den Israeliten einen Gegner für ihn. Davids Sieg mit Hilfe einer Steinschleuder ist bekannt. Damit wurde David beim König noch beliebter – bis Frauen und Mädchen begannen, David auf offener Straße mit Liedern als Helden zu feiern. Das war zuviel. Der König wurde neidisch und mißtrauisch und suchte sich den „Rivalen" vom Halse zu schaffen. David mußte fliehen. Seine Frau Michal, Sauls Tochter, half ihm dabei. An einem Seil ließ sie ihn aus dem Fenster hinab, und David entkam. Saul aber verfolgte ihn und wollte ihn umbringen. Zweimal hatte David die Gelegenheit, seinerseits den Verfolger zu töten, aber zweimal schonte er ihn. Der König erkannte Davids Großmut und weinte, aber zur Versöhnung kam es nicht.

Was David dann trieb, war nicht ehrenvoll. Er raffte in Judäa eine kleine Söldnertruppe zusammen, die er wie ein grausamer Bandenführer kommandierte. Zeitweise sogar im Dienst der feindlichen Philister! Die aber besiegen eines Tages König Saul, und der Geschlagene nimmt sich das Leben. Gefallen ist auch Freund Jonathan. Als diese Meldung samt dem Armreif und der Krone des Königs dem David überbracht wird, erschlägt er den Boten und weint über den toten Freund - und über den König! - Damit ist für ihn der Weg zum Königsthron frei. Samuels Salbung muß sich erfüllen.

David baut ein Reich

David zieht nach Hebron und wird dort, im Stammland Judäa, zum König ausgerufen. Und nachdem der Gegenkönig, den man im Norden aufgestellt hat, ermordet worden ist, kann er sich auch die Anerkennung der übrigen Stämme sichern. Nun zeigt sich, was in ihm steckt: Er bannt durch geschickte Feldzüge die Philistergefahr, dann erobert er 1004 vor Christus die Hochburg der Jebusiter, Jerusalem, und macht die „Stadt Davids" zur Hauptstadt aller Stämme. So fügt er nach und nach das verstreute Volk zu einem Reich zusammen.

Im Süden bringt David Eisen- und Kupferminen in seinen Besitz und erschließt den Zugang zum Roten Meer. Im Osten unterwirft er Ammoniter und Moabiter; im Norden gewinnt er die Kontrolle über die Handels-Fernstraßen. Ein Beamtenapparat sorgt für Ordnung und ein stehendes Heer für Sicherheit. Um einen religiösen Mittelpunkt zu schaffen, läßt er die Bundeslade nach Jerusalem bringen. Aber erst sein Sohn Salomon wird den Tempel bauen.

☞ 17

Eines Königs Unglück und Niedertracht

Davids Tragik ist sein glückloses Privatleben. Er hat zwar, damals durchaus üblich, insgesamt neun Frauen geheiratet, aber damit zugleich unendliche Spannungen programmiert, zumal er sich für sein Privatleben nicht viel Zeit genommen hat. Da passiert die schlimme Vergewaltigung seiner Tochter Tamara durch einen seiner Söhne, dann der Aufstand seines Sohnes Absalom, der mit dessen Tod endet, und da sind ausgesprochen üble Machenschaften um die Nachfolge auf dem Königsthron. Das alles aber wird noch übertroffen von den eigenen Schandtaten Davids:

Als die Moabiter sich wieder einmal erhoben hatten, sah er vom Dach seines Palastes eine Frau, die ihm sehr gefiel. Es war Bathseba, die Frau des Uria, eines seiner Offiziere. Was ihm dazu einfiel, war weit niederträchtiger als ein Ehebruch. David wollte diese Frau ganz besitzen, also schickte er Uria an die Moabiter-Front und gab ihm einen Brief mit an Joab, den Feldhauptmann, in dem er befahl, Uria an der gefährlichsten Stelle der Kämpfe einzusetzen, damit er falle. Und so geschah es. – Davids Weg zu Bathseba war frei ...

Aber damit hatte der erfolgverwöhnte König den Bogen überspannt. Nathan, der Prophet, ließ ihm dieses Verbrechen nicht durchgehen. In einer eindringlichen Strafpredigt bewegte er David so, daß er in sich ging. Das Kind, das Bathseba ihm gebar, mußte sterben, und er selbst durfte den Tempel, den er schon minutiös vorbereitet hatte, nicht bauen. David erkannte die Strafe an und trug an seiner Reue bis zum Lebensende.

Trotz allem: ein Mann Gottes

Ungeachtet aller Schwächen war David nicht nur ein glänzender Feldherr, Staatsmann und Künstler, er war auch eine zutiefst religiöse Persönlichkeit. Er war der große Beter und Sänger, dem man 73 der insgesamt 150 Psalmen zuschreibt. Er exponierte sich in gläubiger Freude beim Einzug der Bundeslade in Jerusalem, indem er singend und tanzend vor ihr herging. Seine eigentliche Größe liegt wohl in seiner Fähigkeit zu trauern und zu bereuen.

Der Mann, von dem es hieß, aus seinem Geschlecht werde der Messias hervorgehen, war kein frömmelnder Schwächling, sondern ein Mensch mit allen Stärken und Schwächen, dem die Schrift aber auch Treue, Demut und Barmherzigkeit nachrühmt. – Mit 30 Jahren war David König geworden, sieben Jahre regierte er über Juda und 33 Jahre über ganz Israel. Mit etwa 70 Jahren starb er. Sein Gedenktag ist der 29. Dezember.

Wer den Namen David trägt

Wenden wir uns zunächst denen zu, die man im weitesten Sinne als Politiker bezeichnet. Zwei äthiopische Kaiser aus dem 15. und 18. und ein schottischer König aus dem 12. Jahrhundert mögen uns verzeihen, wenn wir auf sie nicht weiter eingehen. Da liegt die jüngere Geschichte uns doch näher.

David Lloyd George
1863 - 1945

Als Liberaler war er seit 1890 Mitglied des britischen Unterhauses. Zwischen 1905 und 1922 bekleidete er vier verschiedene Ministerämter; zuletzt war er Premierminister. Lloyd George hielt die britische Burenpolitik in Südafrika für falsch und setzte sich - was uns Deutsche besonders interessiert - nach dem Ersten Weltkrieg für einen zumutbaren Friedensvertrag ein. Gegen die Presse seines Landes und den Standpunkt der Franzosen hatte er aber keine Chance. - Weil er gegen französische Interessen die Araber in Syrien und die Griechen gegen die Türken unterstützte, mußte er 1922 zurücktreten.

David Ben Gurion
1886 - 1973

Er proklamierte 1948 das neue, unabhängige Israel inmitten einer feindlichen Umgebung, sorgte für die Sicherheit des jungen Staates gegenüber den arabischen Nachbarn und für seine wirtschaftliche wie politische Stabilisierung.
Nach den Unruhen in Rußland, 1904/05, war er aus Polen nach Palästina ausgewandert. Gegen viele Widerstände setzte er sich früh für ein autonomes jüdisches Gebiet ein, wurde führendes Mitglied der jüdischen Arbeiterbewegung, gründete 1921 die Gewerkschaft „Histadrut“ und 1930 die Arbeiterpartei Mapai. Zuvor schon hatte er sich maßgeblich für die Einführung des Neu-Hebräischen als Sprache des späteren Staates Israel eingesetzt. Von 1935 bis 1938 leitete er die jüdische Selbstverwaltung und organisierte die illegale Einwanderung, vor allem deutscher Juden.
1952 trat David Ben Gurion bereits kurz nach dem schrecklichen Holocaust gegen viele Widerstände für eine Versöhnung mit Deutschland ein. Als Partner von Bundeskanzler Adenauer schloß er das Wiedergutmachungsabkommen mit der Bundesrepublik Deutschland ab.
1970 legte er sein Mandat in der Knesseth, dem israelischen Parlament, nieder und zog sich hochangesehen in einen Kibbuz in der Wüste Negev zurück.

☞ 21

Dwight David Eisenhower
1890 - 1969

So beginnt eine klassische amerikanische Militär-Karriere: mit der Militärakademie Westpoint! Am Ende stand der Oberbefehl über die alliierten Invasionstruppen in der Normandie und 1945 die Beförderung zum höchsten Rang: „General of the Army". 1948 schied Eisenhower aus dem Dienst und wurde Präsident der Columbia University in New York. Vier Jahre später wird er als Kandidat der Republikaner mit großer Mehrheit zum Präsidenten der USA gewählt. Während seiner zweiten Amtszeit wird der Koreakrieg beendet, die SEATO als Verteidigungsgemeinschaft gegründet und eine Verständigung mit der Sowjetunion eingeleitet. Chruschtschow besucht 1959 die USA.

David McTaggart
* 1932

Außerhalb klassischer Strukturen haben sich allenthalben neue Felder der Politik aufgetan: Nach einer bewegten Lebensphase legte der Kanadier McTaggart 1969 eine dreijährige Pause ein und kreuzte mit seiner „Vega" in der Südsee. Dieses Schiff stellte er der jungen kanadischen Gruppe „Greenpeace" zur Verfügung und verhinderte so wochenlang französische Atomversuche beim Mururoa-Atoll, bis das Boot gerammt wurde. Nach weiteren „verdienstvollen Abenteuern“ wurde McTaggart 1979 Vorsitzender von „Greenpeace International“ und blieb es bis 1991.

Neben Figuren des nationalen und internationalen Kräftespiels sollen aber auch Maler und Bildhauer, Wissenschaftler und Forscher, Musiker und Autoren - und nicht zuletzt die Leute vom Film nicht übersehen werden.

Caspar David Friedrich
1774-1840

Vier Jahre hatte Friedrich an der Kopenhagener Kunstakademie studiert, aber was er mitbrachte, war vor allem der Wille, anders zu malen, als die akademischen Regeln es vorschrieben. Was man dort lerne, sei nicht mehr, als auf einem Bein zu stehen oder auf dem Seil zu gehen. Drum kämen auch nur „Pinselkünstler und Seilkünstler“ heraus. - Wer hätte so aufmüpfige Worte von dem Sohn eines Greifswalder Seifensieders erwartet, dem Maler der berühmten romantischen Landschaften! Man kann sich heute kaum vorstellen, wie damals gestritten wurde über den „Mönch am Meer“ und über das „Kreuz im Gebirge“. Diese Landschaften waren nicht „abgemalt", sondern gestaltet und komponiert, ohne sich jedoch vom Anschaulichen zu entfernen.

Unter den Wissenschaftlern namens David wäre z. B. der alexandrinische Philosoph aus dem 6. Jahrhundert nach Christus zu nennen.
Um 1200 kümmert sich ein David von Dinant in Belgien schon um Themen der Naturwissenschaft, wobei er „theologisch" so fortschrittlich ist, daß er die Wunder beim Auszug Israels aus Ägypten - zumindest teilweise - bereits als natürliches Geschehen deutete.
David Brewster (1781-1868) war ein großer Physiker, nach dem auch das „Brewstersche Gesetz" benannt ist. Er arbeitete hauptsächlich über Fluoreszenz und Polarisation des Lichts.

David Livingstone
1813-1873

Der englische Missionar erforschte die Kalahariwüste, den Sambesifluß, die Quellflüsse des Kongo und die großen ostafrikanischen Seen. 1871 galt er als verschollen und mußte mit einer Expedition gesucht werden. In seinem geliebten schwarzen Erdteil ist der leidenschaftliche Afrikaforscher gestorben; begraben aber wurde er in der Londoner Westminster Abbey.

Maximilian David Berlitz
1852-1921

Der nach den USA ausgewanderte Schwabe überlegte, wie er seinen Landsleuten helfen könnte, möglichst schnell Englisch zu lernen. Dazu entwikkelte er eine Methode, bei der die Lehrer von Beginn an nur in der neuen Sprache unterrichten. Der Erfolg - ausgehend von der ersten Berlitz-Schule in Providence - war durchschlagend. Eine Gründung folgte auf die andere - nicht nur in den USA, sondern bald in der ganzen Welt

Zu nennen wären hier auch noch der Philosoph David Hume, der Nationalökonom David Ricardo - trotz seines spanischen Namens ein Engländer -, David Hilbert, der deutsche Mathematiker, und der Theologe David Friedrich Strauß und andere.
Wir wollen uns nun aber den Musikern zuwenden:

David Oistrach
1908-1974

Im Schwarzmeerhafen Odessa ist er geboren, in Amsterdam gestorben und in Moskau wurde er begraben - der Ausnahmegeiger. Mit 20 Jahren ging er nach Moskau und wurde Solist der Moskauer Philharmonie. Seit 1935

konzertierte er in der ganzen Welt. Seine Zeitgenossen Chatschaturian, Prokofjew und Schostakowitsch widmeten ihm Sonaten und Violinkonzerte. Seit 1961 trat der mit Ehrungen Überhäufte auch als Dirigent auf.

Dave Brubeck
* 1920

Der berühmte amerikanische Jazz-Musiker und Komponist wurde vor allem durch das „Dave Brubeck Quartett" weltbekannt. Er hat es 1951 gegründet und bis 1968 geleitet. Was nicht jeder weiß: Er war Schüler von Darius Milhaud und Arnold Schönberg!

David Bowie
* 1947

Eigentlich heißt er David Robert Jones und ist sowohl Rocksänger als auch Schauspieler. In den siebziger Jahren trat er in schrillen Bühnenshows auf. Er war einer der exzentrischsten Vertreter britischer Rockmusik. Als Schauspieler brachte er es zu einer stattlichen Zahl von Spielfilmen. Der erfolgreichste: „Merry Christmas, Mr. Lawrence" (1982).

Erwähnt werden müssen hier auch noch der österreichische Orgel- und Chorkomponist Johann Nepomuk David (1895 – 1977) und der berühmte amerikanische Pianist und Komponist David Tudor (* 1926).

Ein nennenswerter literarischer Namensvertreter ist z. B. David Kalisch, deutscher Possendichter und Gründer des politisch-satirischen Witzblattes „Kladderadatsch" (1848). Noch berühmter ist die Romanfigur David Copperfield von Charles Dickens (1812 - 1870). Nach ihr nennt sich der Künstler

David Copperfield

* 1956

Der bekannte amerikanische Illusionist und Entertainer, der als David Kotkin geboren wurde, ist ein Kind russischer Einwanderer. Schon in der Schule fiel er durch tolle Zaubertricks auf. Kein Wunder, daß er schon mit zwölf Jahren in die Gesellschaft der amerikanischen Magier aufgenommen wurde. Nach Studienbeginn folgten immer mehr Angebote von Bühne und Varieté, vor allem aber trat er zunehmend in Fernseh-Shows auf.

Heute ist David Copperfield wohl der begehrteste Illusionist der ganzen Welt. Aber Vorsicht, wenn Sie ihn für Ihre nächste Party engagieren wollen - nicht nur wegen der saftigen Gage: Er hat z. B. schon die Freiheitsstatue verschwinden lassen oder den Speisewagen des Orient-Expreß; an ein brennendes Floß gekettet, stürzte er sich die Niagarafälle hinab und bei anderer Gelegenheit durchdrang er die Chinesische Mauer ...

Nun wird es aber höchste Zeit, auch noch auf drei berühmte Davids vom Film einzugehen:

David Wark Griffith
1880–1948

Dieser Regisseur gehört zu den bedeutendsten Gestalten der Filmgeschichte. Nach einer äußerst bescheidenen Kindheit in Kentucky schloß er sich als Schauspieler und Bühnenautor einer wandernden Theatergruppe an. Zum Film kam er 1907 mehr aus Not als aus Absicht. Ernst nahm man damals den Film noch nicht!
David Wark Griffith hat später als erster bewußt filmische Ausdrucksmittel eingesetzt und nicht nur die amerikanische Filmarbeit, sondern indirekt auch die berühmten russischen Revolutionsfilme beeinflußt. Zu seinen Schülern zählt Erich von Stroheim.

Lassen Sie uns von den vielen großen Regisseuren wenigstens noch ein paar herausragende Namen nennen: Da ist David Lean, der „Die Brücke am Kwai" gedreht hat, dann David Cronenberg, der Gruselspezialist, David Lynch, der mit Isabella Rossellini „Wild at Heart" gemacht hat, und der Zeichentrick-Spezialist Dave Fleischer. Nicht zu vergessen auch der Filmproduzent David Oliver Selznick. – Sie alle können sich an Popularität allerdings nicht messen mit

David Niven
1909–1983

Der erfolgreiche Darsteller, dessen Wiege in Schottland stand, hat eine Jugendzeit hinter sich gebracht, die jede Biographie „ziert“: von diversen Schulen geflogen, Militärakademie und Dienst als Leutnant, Gelegenheitsjobs in Kanada und Kuba. 25 Jahre war er alt, als er Hollywood erreichte. Aber dort hatte er lange kein Glück. 1939 erhielt er die erste Chance für eine Nebenrolle durch Billy Wilder. Von da an gings bergauf; allerdings erst nach dem Krieg, denn zunächst mußte er wieder Soldat werden. Aus seinen Erfolgstiteln: „Bonjour Tristesse“, „In 80 Tagen um die Welt“, „Mein Mann Godfrey“, „Die Seewölfe kommen“ und „Der rosarote Panther wird gejagt“. Und dazwischen - 1959 - der begehrte „Oscar“ für „Getrennt von Tisch und Bett“.

David Daniel Kaminsky – alias Danny Kaye
1913–1987

Nach einer Lehrzeit als Provinzkomiker hat der Sohn eines Schneiders 1940 seinen ersten großen Erfolg als Nachtclubsänger am Broadway, ehe er 1944 mit „Up in Arms“ sein Leinwanddebüt feiern

☞ 29

kann. Seine Frau hatte ihm für diese erste große Chance hervorragende Gags und Texte geschrieben! - Berühmt waren seine Sprechgeschwindigkeit und seine unglaublich bewegliche Mimik. - Man erinnert sich an „Hans Christian Andersen und die Tänzerin" (1952), „White Christmas" (1954), „Der Hofnarr" (1956) und „Jakobowsky und der Oberst" (1957) mit Curd Jürgens. Kinder liebte der „Engel von Brooklyn" ganz besonders - vor allem die notleidenden, denen er erhebliche Teile seiner Gage spendete.

Und dann war da noch

Der „Davidschild"

ist der Davidstern, ursprünglich ein Amulett jüdischer Herkunft gegen Feuersbrunst. Er besteht aus zwei ineinander geschobenen gleichseitigen Dreiecken. Der sechszackige Stern wurde im 19. Jahrhundert zum Zeichen des Judentums und im Staat Israel zum nationalen Symbol. Durch Verordnung der Nazis waren Juden seit 1938 gezwungen, einen großen gelben Davidstern an der Kleidung zu tragen.

David und die Musen

Dem Frauenhelden waren auch die Musen hold. Über David wurden Gedichte und Theaterstücke in vielen Sprachen geschrieben, besonders auch in Frankreich, das ihn neben Homer und Vergil als Vater der Dichtkunst verehrte. In Deutschland waren es Klopstock, Rückert und Heinrich Heine, die sich Davids annahmen. Lion Feuchtwanger schrieb 1903 „Das Weib des Urias" und Beer-Hofmann dreißig Jahre später „Der junge David".
David-Darstellungen kennen wir schon aus frühesten Buchmalereien. Eine besondere Rolle spielt der Stammbaum Jesu, dessen Wurzel „Jesse" kein anderer ist als Isai, der Vater Davids (vgl. Matthäus 1,1-17). Berühmt sind die hölzernen Tore von San Ambrogio in Mailand aus dem vierten Jahrhundert mit szenischen Darstellungen aus Davids Leben. Andere wichtige Abbildungen finden sich auf vielen Portalen und Fenstern französischer Kathedralen. Und wer kennt nicht den herrlichen David von Michelangelo in Florenz! Oder die wunderbare Bronzeplastik Donatellos! - Die Maler, denen David „Modell stand", sind nicht einmal aufzuzählen. Alles, was Rang und Namen hat, griff ihm zu Ehren zum Pinsel, von Rembrandt und Lucas Cranach bis Marc Chagall.
Das gleiche überwältigende Bild bietet sich in der Musik: Opern und Oratorien aus dem 16. und 17. Jahrhundert, von Darius Milhaud und Arthur Ho-

negger im 20. David war auch der Patron der Nürnberger Meistersinger. Deren Mitglied Hans Sachs hat 1532 ein Stück über Davids Freundschaft zu Jonathan geschrieben. Schließlich gab es einen Kreis von Musikern um Robert Schumann, der sich „Die Davidsbündler" nannte; drum heißt Schumanns Klavierwerk Opus 6 die „Davidsbündlertänze". Nicht vergessen sei auch das populäre Spiritual „Lil David play on your harp"!

Vermischtes

Woher stammt eigentlich die Redensart „Kreti und Pleti" für „Leute von weiß Gott woher"? Davids Leibwache war eine Art Fremdenlegion und bestand aus Kretern und Pletern!
„David" heißt die Hauptstadt der Provinz Chiriqui im westlichen Panama.
Was aber ist die „Davidswache"? Es ist das „legendäre", für den Hamburger Stadtteil St. Pauli zuständige Polizeirevier.

Wenn wir keine Namen hätten

Stellen Sie sich vor, wir hätten keine Namen! Das wäre ein namenloses Chaos!

Wie wollte ein Lehrer seine Schüler aufrufen? An wen sollten wir unsere Briefe adressieren? Wie könnten wir uns verständigen, wenn wir voneinander erzählen wollten? Es gäbe weder Gehaltslisten noch Grundbücher, weder Namensschilder an der Haustüre noch Telefonbücher - es sei denn, wir wären mit Nummern zufrieden. Nummern wie Telefonnummern. - Nummern anstelle von Namen?

Nummern für Menschen, das hat etwas Unmenschliches an sich. Schließlich haben alle Dinge in dieser Welt ihre Bezeichnung, sind mit Worten benennbar, damit man den Hammer von der Zange, den Baum von der Blume und das Rad von einem Apfel unterscheiden kann. Und selbst Haustiere und Wildtiere, Fische und Vögel haben Namen. Nach biblischer Überlieferung hat Adam sie schon im Paradies für sie ausgewählt.

Und überhaupt haben es alle Dinge mit Namen besser; darauf hat schon der Schriftsteller Hans Weigel einmal hingewiesen: die Autotypen und die Konditoreierzeugnisse und natürlich auch die berühmten Musikstücke unserer Klassiker. Tatsächlich kann man sich unter einer Schillerlocke und einem Bienenstich, unter Rehrücken und Cordon Bleu mehr vorstellen als unter der Sammelbezeichnung „Torten“ oder „Fleischspeisen“. Und die eindrucksvollste opus-Zahl bei Beethoven sagt nicht annähernd soviel aus wie der Name „Mondscheinsonate“, „Appassionata“ oder „Pathétique“.

Der Name ist also zunächst einmal eine sinnreiche Bezeichnung, die Verwechslungen ausschließt. Das ist allerdings nur die Oberfläche, das Vordergründigste des Namens, zumindest wenn es um Menschen geht. Der menschliche Name be-zeichnet nicht nur seinen Träger, er zeichnet ihn vielmehr aus. Mein Name hebt mich heraus aus der Masse von Menschen um mich her, macht mich meiner Eigenheit, meiner Besonderheit bewußt.

Mein Familienname stellt mich dabei in den Zusammenhang der Geschichte. Er setzt mich in Beziehung zu allen, die vor mir gewesen sind, vor mir diesen Namen getragen haben. Gleichzeitig verbindet er mich mit meiner Familie, mit Geschwistern und Verwandten um mich her.

Der Vorname dagegen gehört in einem intimeren Sinne zu mir selbst. Er verleiht die eigentliche Identität. Er macht schon dem Kleinkind bewußt, wer es ist, noch ehe es „ich“ sagen kann. „Anna Puppe haben!“ sagt das kleine Mädchen und macht mit seinem Wunsch einerseits die Mitwelt darauf aufmerksam, daß es eine Anna gibt, und eignet sich andererseits durch die Puppe ein Stück Welt an. Und wer als Erwachsener einem anderen das Du anbietet, gibt gewissermaßen seinen Vornamen frei. Dadurch gewährt er dem Gegenüber größere Nähe zu sich selbst, läßt ihn an sich heran und verschenkt seinerseits ein Stück größerer Vertrautheit.

Daß der Name mehr ist als ein Etikett zur Vermeidung von Verwechslungen, ist seit Menschengedenken allgemeine Überzeugung. Der Name hat sehr viel mit uns selbst zu tun, ist gewissermaßen ein Stück von uns. Solche innere Verwandtschaft zwischen Name und Person hat man seit jeher vermutet, so als ob gar der Name eine schicksalhafte Bedeutung für seinen Träger hätte. „Nomen est omen" sagten deshalb die Römer und setzten im Kampf mit Vorliebe Legionäre mit Vornamen ein, die besonderes Kriegsglück verhießen, etwa Felix (der Glückliche) oder Scipio (so hieß der Bezwinger Hannibals).

Zu der engen Verbindung zwischen dem Menschen und seinem Namen hat einmal Honoré de Balzac geschrieben: „Übrigens bin ich nicht der einzige, der fest davon überzeugt ist, daß zwischen Namen und Persönlichkeit tief innere Beziehungen walten ..."

Und einer unserer ganz Großen hat gelegentlich eines Briefwechsels mit einem Kollegen und Freund erkennen lassen, daß er in Sachen „Namen" keinen Spaß verstand. Der Leidtragende war Johann Gottfried Herder, der Generalsuperintendent zu Weimar, Literaturforscher und Geschichtsphilosoph. Er hatte Johann Wolfgang von Goethe Bücher ausge-

liehen und erlaubte sich, den Dichterfürsten in einem Brief daran zu erinnern. Vielleicht glaubte er durch witzige Anspielungen auf den Namen Goethe die Mahnung humorvoll abmildern zu können ... aber da kam er übel an!
Was hat er geschrieben? „... der von Göttern Du stammst, von Gothen oder vom Kote, Goethe, sende mir sie!" - Darauf Johann Wolfgang in seinem Werk „Dichtung und Wahrheit": „Es war freilich nicht fein, daß er sich mit meinem Namen diesen Spaß erlaubte: denn der Eigenname eines Menschen ist nicht etwa ein Mantel, der bloß um ihn herhängt und an dem man allenfalls noch zupfen und zerren kann, sondern ein vollkommen passendes Kleid, ja wie die Haut selbst ihm über und über angewachsen, an der man nicht schaben darf, ohne ihn selbst zu verletzen."

Die Löwen des Marc Aurel
Oder: Die Macht des Namens

Einmal gab es Krieg gegen die wegen ihrer Körperkraft berühmten Markomannen. „Ich will Euch meine Löwen mitgeben," sagte Marc Aurel, und die Legionäre zogen fröhlich mit ihren Löwen in den Kampf. Denn sie wußten durch den Namen allein, daß Löwen grausame Tiere von unbezwingbarer Kraft sind.

Als es zur Schlacht kam, sahen die Markomannen mit Erstaunen die gelben Tiere auf sich zuspringen. „Was ist das?“ fragten sie. - Der Führer der Markomannen war auch ein Philosoph - wie Marc Aurel - und kannte die Bedeutung von Worten und Namen. „Das da? Das sind Hunde, römische Hunde.“ - Und da die Markomannen es nicht anders wußten, als daß man Hunde totschlägt, wenn sie lästig werden, so schlugen sie die großen gelben römischen Hunde mit ihren Keulen tot.
Nicht auszudenken, wenn die Markomannen gewußt hätten, was Löwen sind.

Kannitverstan

Auf dem seltsamsten Umweg kam ein deutscher Handwerksbursche in Amsterdam durch den Irrtum zur Wahrheit und zu ihrer Erkenntnis. Denn als er in diese große und reiche Handelsstadt voll prächtiger Häuser, wogender Schiffe und geschäftiger Menschen gekommen war, fiel ihm sogleich ein großes und schönes Haus in die Augen, wie er auf seiner ganzen Wanderschaft von Duttlingen bis Amsterdam noch keines erlebt hatte ...
Endlich konnte er sich nicht entbrechen, einen Vorübergehenden anzureden. „Guter Freund“, redete er ihn an, „könnt Ihr mir nicht sagen, wie der Herr

heißt, dem dieses wunderschöne Haus gehört mit den Fenstern voll Tulipanen, Sternenblumen und Levkojen?" – Der Mann aber, der vermutlich etwas Wichtigeres zu tun hatte und zum Unglück gerade soviel von der deutschen Sprache verstand als der Fragende von der holländischen, nämlich nichts, sagte kurz und schnauzig: „Kannitverstan"; und schnurrte vorüber. Dies war ein holländisches Wort, oder drei, wenn man's recht betrachtet, und heißt auf deutsch soviel als: ‚Ich kann Euch nicht verstehen.' Aber der gute Fremdling glaubte, es sei der Name des Mannes, nach dem er gefragt hatte. ‚Das muß ein grundreicher Mann sein, der Herr Kannitverstan', dachte er und ging weiter. Gaß aus Gaß ein kam er endlich an den Meerbusen, der da heißt: Het Ey, oder auf deutsch: Das Ypsilon. Da stand nun Schiff an Schiff und Mastbaum an Mastbaum; und er wußte anfänglich nicht, wie er es mit seinen zwei einzigen Augen durchfechten werde, alle diese Merkwürdigkeiten genug zu sehen und zu betrachten, bis endlich ein großes Schiff seine Aufmerksamkeit an sich zog, das vor kurzem aus Ostindien angelangt war und jetzt eben ausgeladen wurde ...

Als er aber lange zugesehen hatte, fragte er endlich einen, der eben eine Kiste auf der Achsel heraustrug, wie der glückliche Mann heiße, dem das Meer alle diese Waren an das Land bringe. „Kannitverstan", war die Antwort. Da dachte er: ‚Haha, schaut's da heraus? Kein Wunder, wem das Meer solche

Reichtümer an das Land schwemmt, der hat gut solche Häuser in die Welt stellen, und solcherlei Tulipanen vor die Fenster in vergoldeten Scherben.‘ Jetzt ging er wieder zurück und stellte eine recht traurige Betrachtung bei sich selbst an, was er für ein armer Mensch sei unter so viel reichen Leuten in der Welt. Aber als er eben dachte: Wenn ich's doch nur auch einmal so gut bekäme, wie dieser Herr Kannitverstan es hat, kam er um eine Ecke und erblickte einen großen Leichenzug. Vier schwarz vermummte Pferde zogen einen ebenfalls schwarz überzogenen Leichenwagen langsam und traurig, als ob sie wüßten, daß sie einen Toten in seine Ruhe führten. Ein langer Zug von Freunden und Bekannten des Verstorbenen folgte nach, Paar um Paar, verhüllt in schwarze Mäntel und stumm. In der Ferne läutete ein einsames Glöcklein.

Jetzt ergriff unsern Fremdling ein wehmütiges Gefühl, das an keinem guten Menschen vorübergeht, wenn er eine Leiche sieht, und blieb mit dem Hut in den Händen andächtig stehen, bis alles vorüber war. Doch machte er sich an den letzten vom Zug ... und bat ihn treuherzig um Exküse. „Das muß wohl auch ein guter Freund von Euch gewesen sein,“ sagte er, „dem das Glöcklein läutet, daß Ihr so betrübt und nachdenklich mitgeht.“ – „Kannitverstan!“ war die Antwort. Da fielen unserm guten Duttlinger ein paar große Tränen aus den Augen, und es wird ihm auf einmal schwer und wieder leicht ums Herz. „Armer Kannitverstan,“ rief er aus,

„was hast du nun von allem deinem Reichtum? Was ich einst von meiner Armut auch bekomme: ein Totenkleid und ein Leichentuch, und von allen deinen schönen Blumen vielleicht einen Rosmarin auf die kalte Brust, oder eine Raute." Mit diesen Gedanken begleitete er die Leiche bis ans Grab ...
Endlich ging er leichten Herzens mit den anderen wieder fort ..., und wenn es ihm wieder einmal schwer fallen wollte, daß so viele Leute in der Welt so reich seien ... und er so arm, so dachte er nur an den Herrn Kannitverstan in Amsterdam, an sein großes Haus, an sein reiches Schiff und an sein enges Grab.

Johann Peter Hebel (1809)

Dem berühmten Berliner Frauenarzt, Professor Ernst Bumm, stellte sich bei einem Empfang ein General der Artillerie vor: „Gestatten, Manteuffel." Der Professor verbeugte sich und sagte: „Bumm". Der General stutzt, wiederholt „Manteuffel" und hört noch einmal „Bumm". Das erzählt der General wenig später einem ranggleichen Kameraden. – „Ja, ganz recht, ‚bumm' hat er zu mir auch gesagt. Dabei bin ich doch nur General der Infanterie! Wo soll da der Witz sein?"

Im Anfang war der Vorname

Vor allen anderen Namen war der Vor-Name! Er genügte ja auch lange Zeit. Er genügte zur Verständigung unter Familienangehörigen und für den Zuruf bei der Arbeit. Daher übrigens „Ruf-Name“! Viel später erst kamen Kosenamen, Übernamen und Spitznamen hinzu. Aus ihnen und anderen Hilfsbezeichnungen entstanden die „Zu-Namen“ oder Familiennamen.
Die Vornamen des deutschen Sprachraums stellen eine außerordentlich farbige Mischung dar. In ihr haben sich alle geschichtlichen und kulturellen Entwicklungen Europas niedergeschlagen, von der germanischen Frühzeit bis zum Medienzeitalter. Wenn man genauer hinschaut, kommt man aus dem Staunen gar nicht mehr heraus, woher unsere schönen deutschen Namen stammen:

Anna - Elisabeth - Joachim - Susanne - Thomas?	- hebräisch!
Agnes - Barbara - Christoph - Georg - Monika - Peter?	- griechisch!
Anton - Beate - Felix - Klara - Renate - Valentin?	- lateinisch!
Alois - Beppo - Carina?	- italienisch!
Alfons - Ferdinand - Xaver?	- spanisch!

☞ 41

Adele - Emil - Margot - Marion?	- französisch!
Alfred - Artur - Edgar - Richard?	- englisch!
Dagmar - Gerda - Harald - Ingrid - Karin - Sigrid?	- germanisch-skandinavisch!
Nina und Sonja?	- slawisch!

Und hätten Sie geglaubt, daß Eleonore aus dem Arabischen und Brigitte, Jost und Kilian aus dem Keltischen kommen? Hier zeigt sich zweierlei: Der Vorname als Bezeichnung und Auszeichnung des einzelnen Menschen ist Gemeingut aller Völker. Und Europa hat seit jeher einen geschlossenen Kulturraum dargestellt, längst ehe Politiker auf den Gedanken kamen, die oft so zerstrittenen Völker dieses Erdteils zu einigen.
Aber was weiß man über die Geschichte der Namen? Und welche Bedeutungen hatten sie ursprünglich? – Da gab es zunächst die germanischen Namen. Namen wie Horst, Karl, Ernst, Hugo und Ilse, gelegentlich von mythologischer Bedeutung, und daneben Tierbezeichnungen als Namen oder als Namensteile, wie Bär, Wolf, Rabe, Eber ... Und weil die Germanen es offensichtlich ganz besonders mit dem Streiten, Kämpfen und Siegen hatten, wählten sie für ihre Kinder Namen, die einfach einen Wunsch ausdrückten in Richtung auf handfeste Lebenstüchtigkeit. So kamen vielfach zweisilbige Namen zustande wie Hart-mut, bestehend aus „kräftig“ und „Gesinnung“, oder Ger-hard (Speer und ausdauernd) oder Fried-hild (Friede und

Kampf) oder Ger-trud (Speer und vertraut) oder Hed-wig (Kampf und geweiht). Wie wichtig unseren Vorfahren Kampf und Ehre gewesen sein müssen, deuten auch folgende Beispiele an: „Heer“ in Hermann und Herbert, Waffenbezeichnungen (ger=Speer, ekke=Klinge, Schneide) in Gerhard und Ekkehard, „Ruhm und Ehre“ in Erich (der an Ehren Reiche), „Kühnheit“ in Dietbald und Leopold (beide in der Bedeutung „Der Kühn(st)e seines Volkes“) und schließlich „Herrschen“ und „Regieren“ in allen Namensverbindungen mit -walt oder -old: Walther, Waldemar, Arnold, Rein(h)old ...

Mit der Verbreitung des Christentums drangen – etwa vom siebten Jahrhundert an – Heiligen-Namen in das deutsche Sprachgebiet ein. Zunächst waren es Namen wie Adam und Eva, David, Joachim und Anna ... Später, etwa ab dem 13. Jahrhundert, kamen Maria hinzu, Agnes, Katharina und Elisabeth, Nikolaus, Martin, Georg, Michael und andere. Aber die germanisch-deutschen Namen blieben während des ganzen Mittelalters in der Überzahl. Dafür sorgten unter anderem die Namen der Herrscher, die man kleinen Jungen gerne gab, damit sie sich an solchen Gestalten ein Beispiel nähmen: Konrad, Heinrich, Otto, Ludwig usw. Und darüber hinaus: Je mehr deutsche Heilige es mit der Zeit gab, desto häufiger wurden auch deutsche Namen mit Heiligennamen deckungsgleich, wie Ulrich, Heinrich und Konrad.

Im 16. Jahrhundert, nach der Reformation, brach so

etwas wie ein christlicher Namens-Bürgerkrieg zwischen Protestanten und Katholiken aus. Die katholische Kirche verlangte, daß alle Kinder bei der Taufe Namen von Heiligen bekämen. – Im Gegenzug lehnten die reformatorischen Kirchen Heiligennamen ab, weil ihnen die übertriebene Heiligenverehrung nicht behagte, und verlangten den Rückgriff auf Namen aus dem Alten Testament. Eine entsprechende Verordnung beschloß z.B. 1534 der Rat zu Genf unter dem Einfluß Calvins. Und in Zürich, wo Zwingli wirkte, war schon sieben Jahre zuvor ein Kalender erschienen ohne einen einzigen Heiligennamen, bis dahin geradezu unvorstellbar. An ihre Stelle waren die Namen von Propheten und anderen Prominenten der hebräischen Bibel getreten.

Die Reaktion der katholischen Seite ließ wiederum nicht lange auf sich warten: „Wenn so die Frommen des Alten Bundes gegen unsere Heiligen ausgespielt werden, dann kommen alttestamentliche Namen für katholische Kinder nicht in Frage, weil wir der bösartigen Unsitte der Ketzer nicht Vorschub leisten wollen."

Wie lange die Vorliebe der Protestanten für alte biblische Namen angehalten hat, belegen Namen wie Immanuel Kant, Samuel von Pufendorf, Joachim von Nettelbeck, David Friedrich Schleiermacher und Gotthold Ephraim Lessing. Der erste von Lessings Vornamen weist allerdings schon auf einen dritten Weg hin. Ihn beschritt im 17. und 18. Jahrhundert der Pietismus, eine besondere Richtung innerhalb der reformatorischen Kirchen. Er gab dem Neugetauften als Namen gewissermaßen ein Leitwort mit auf den Weg: Fürchtegott, Traugott, Lebrecht, Bleibtreu, Ehregott, Gotthelf oder Gotthold. Um die gleiche Zeit begannen Eltern im deutschen Sprachraum, auch über die Landesgrenzen hinauszuhören. Das Ergebnis waren französische Namen wie Jean statt Hans und Louis statt Ludwig, aber auch Louise, Charlotte und Annette. Von England kamen Oscar, Willy, Harry, Fanny und Alice herüber und aus Skandinavien Gustav, Erich, Helga oder Edith.

Seit der Romantik macht sich dann ein zusätzlicher Einfluß bemerkbar, der bis heute anhält: Künste und Medien beeindrucken die Eltern. Gestalten aus Büchern und Theaterstücken, aus Opern, Liedern oder Schlagern, aus Film, Fernsehen und Sport imponieren, ihre Vornamen gefallen und kommen plötzlich auch für die eigenen Kinder in Frage. Dagegen spielte die Germanenverehrung der Nazi-Zeit eine eher harmlose Rolle. Natürlich gab es da ein paar Gudrunen und Siegfriede mehr, aber interessanterweise blieb der Name Maria auch zwischen 1933 und 1945 der beliebteste deutsche Mädchenname. Und was den damals so groß geschriebenen Namen „Adolf" angeht, so findet er sich in München, der sogenannten „Hauptstadt der Bewegung", innerhalb der Jahrgänge 1933 bis 1945 nicht einmal unter den 20 häufigsten Jungennamen. –

Daß sich die Zahl unserer Vornamen insgesamt so stark vermehrt hat, hängt nicht zuletzt mit den verschiedenen Abwandlungen ein und desselben Namens zusammen. Da gibt es vielfältige Verkürzungen und Verschleifungen, Vereinfachungen und Verkleinerungen. So wurden aus Barbara, Elisabeth und Margarete: Bärbel, Liesl, Else und Betty, Gretchen, Gretel und Grit. Auf entsprechende Weise kamen Hans und Heinz zustande, Conny und Rudi, Bernd und Klaus, Hilde, Fritz und Alex. Und selbst sie werden durch Angehörige und Freunde nicht selten noch einmal individuell abgewandelt.
Es ist nicht zu leugnen: Unser Vorname betrifft uns ganz unmittelbar. Er bezeichnet uns nicht nach der Familienzugehörigkeit, er meint uns ganz persönlich. Vielleicht kommt es daher, daß junge Menschen heutzutage einander nur noch mit Vornamen anreden. Sie wollen es nicht mit dem „Vertreter" einer Familie zu tun haben, sondern mit einem Partner, dem sie sich im vertraulichen Du unmittelbar zuwenden. – Eine Reaktion auf ein Leben und eine Welt, die weithin unpersönlich geworden sind?!

Senorita Milagros

Oder: Es gibt noch Wunder

Madrid. Wir frühstücken im Freundeskreise bei Botin, wo es die berühmten Spanferkel gibt. Alle sind lustig; nur ich habe meine Sorgen und verhalte mich still.

„Was ist Ihnen denn?“ fragt mich das schlanke Fräulein, das neben mir sitzt. „Sie sind ja heute ganz anders und haben mir noch kein einziges gutes Wort gesagt.“

Sie ist eine Balearin aus Mallorca, und ich beschließe, diesem Inselwesen mein Herz auszuschütten. „Sehen Sie, liebes Kind“, sage ich, „die Sache ist die: Ich habe der Chefredaktion in Berlin geschrieben und gefragt, ob ich nicht noch ein bißchen hierbleiben dürfe. Nun ist aber hier jetzt so wenig zu tun; ich fürchte, daß ich fort muß; ach, und ich bliebe noch so gern bei euch.“

Sie überlegt einen Augenblick und sagt dann: „Wir werden nach dem Essen in die Kirche in der Atocha-Straße fahren. Unterwegs erzähle ich Ihnen, was ich mir denke ...“

Es ist heute seit langer Zeit ein trüber Tag in Madrid; das große glatte Automobil faucht durch die dämmernden Straßen der Stadt, in der die ersten Lichter der Nacht angezündet werden. Auf der Fahrt setzt mir meine Freundin ihren Plan auseinander. „In der Kirche der Atocha-Straße steht eine Nachbildung der heiligen Jungfrau vom Pfeiler aus Zaragossa. Die werden wir jetzt bitten, daß man Sie noch hierläßt, und werden ihr zwei Kerzen geloben für den Fall, daß sie unsere Bitte erfüllt. Außerdem werde ich jeden Abend vor dem Einschlafen für Sie beten."

Dieses Mädchen heißt mit Vornamen Milagros, die Wunder, gehört also in die Sammlung merkwürdiger Frauennamen, die ich hier in Spanien zusammenstelle. Ich habe schon: Encarnación, Purificación, Sacramento, Visitación, Monserrat, Consuelo, Africa, Guadalupe.

In der Kirche ist es finster, einsam und schauerlich. Gemarterte Heilige winden sich in den Ecken, und aus der Tiefe der Kapellen starren gläserne Augen. Milagros faßt mich an der Hand und führt mich durch alle die Stühle bis an den Altar. Dort knien wir nebeneinander hin und beten. Das heißt, mit meinem Beten ist es nicht so weit her. Aber ich verhalte mich still, luge nach links und starre in das wunderbare Profil dieses Mädchens. In ihrem Auge steht ein Stern als Widerschein der ewigen Lampe, und ihre Lippen bewegen sich ganz langsam. Diese Lippen bitten die heilige Jungfrau, sie möge das Herz der Chefredaktion in Berlin gnädig stimmen.

Das war am 15. Januar.

Am 16. Januar ging von Berlin ein Brief ab, in dem mir mitgeteilt wurde, ich könne noch hierbleiben. Mit diesem Brief bin ich zu Milagros gerannt; dann sind wir beide wieder in die Kirche gefahren, ha-

ben unterwegs zwei Kerzen gekauft, das Stück zu 3,50 Peseten, und diese Kerzen mit großer Umständlichkeit auf dem Altar der heiligen Jungfrau aufgestellt und angezündet.
Aber wenn die Chefredaktion in Berlin gewußt hätte, welch geheimnisvolle und gütige Macht damals ihren Ratschluß lenkte!

Victor Auburtin

Wie heißt der einzige vierbeinige Heilige der katholischen Kirche? –
Der Heilige Stuhl!

Wer bin ich eigentlich?

Name und Person

Haben Sie das auch einmal erlebt, damals, bei Grenzkontrollen in sozialistischen Ländern? Da haben einem Grenzbeamte nicht selten den Paß abgenommen und zur Überprüfung hinter einem verdeckten Schalter verschwinden lassen. Dann saß man in einem Warteraum, zehn, zwanzig Minuten oder auch länger, und war „niemand“. Ohne Namen, ohne Identität, ohne Staatsbürgerschaft. – Ein außerordentlich bedrückendes Gefühl! – Erst mit der Rückgabe des abgefertigten Passes fühlte man sich wieder einigermaßen sicher. Vorher, bei einer überraschenden Razzia etwa, hätte jedermann jede Aussage über die eigene Person anzweifeln können ... So sehr sind Person und Name aufeinander angewiesen!
Was einem in solcher Situation, ohne Ausweis im „Niemandsland“, durch den Kopf geht, kann noch erheblich übertroffen werden in existenziellen Krisen, oder wenn man sich in auswegloser Lage befindet. Dann stellt sich mitunter die bohrende Frage: Wer bin ich eigentlich?

Hermann Hackel hat eine solche, besonders erschütternde Extremsituation 1946 in einem kurzen Gedicht festgehalten:

Jüdisches Kind
Ich habe keinen Namen,
Ich bin ein jüdisch' Kind.
Weiß nicht, woher wir kamen
Und wo wir morgen sind.
Ich spreche viele Sprachen,
Verlern' sie wiederum;
Für das, was wir ertragen,
Sind alle Sprachen stumm.

Ähnliche, wenn auch nicht annähernd vergleichbare Ratlosigkeit befällt junge Menschen während der Pubertät, wenn ihre körperliche Entwicklung den ganzen Gefühlshaushalt durcheinanderbringt. Dann suchen sie mehr über sich zu erfahren, üben ihren Namenszug und studieren ihn ungläubig, lesen in allen möglichen Büchern und schreiben sich die eigenen Nöte und Zweifel in Tagebüchern von der Seele. Und sie schauen in den Spiegel, in den gläsernen sowohl als auch in die Gesichter ihrer Umgebung, um zu erfahren, wer sie sind und was andere von ihnen halten. Die Psychologen sagen, es sei die Zeit der Suche nach der eigenen Identität. Wo diese Art von Selbstbefragungen nicht mit solcher Auffälligkeit stattfindet, tauchen dennoch die gleichen Unsicherheiten auf, verdeckt, aber nicht

minder heftig. Sie äußern sich in extremen Gemütsschwankungen und vielerlei ungereimten Verhaltensweisen und Aktionen. – Im Grunde stellen sich junge Menschen für ihre Person die Frage, mit der sich Philosophen seit Jahrtausenden beschäftigen; die Frage, wer und was der Mensch sei:
Bin ich ein Zufallsergebnis chemisch-biologischer Abläufe, Sklave eines anonymen Schicksals, Spielball von Naturgewalten und Machtverhältnissen? Einer, der verloren umherirrt, oder ein Beheimateter mit Verantwortung für sich und andere? – Da liegt die Erinnerung nahe an das, was beim Propheten Jesaia steht: „Ich habe dich bei deinem Namen gerufen, mein bist du! spricht der Herr." – Gläubige Juden wie Christen sehen darin keine Drohung mit Besitzanspruch, keinen Anruf mit erhobener Stimme, aus der man bereits die darauffolgende Strafe heraushören kann. Sie lesen daraus vielmehr die persönliche Zusage, daß jeder sich aufgehoben fühlen kann, geborgen in Gottes Liebe.
Daß Gott jeden Menschen bei seinem Namen ruft, bedeutet für Christen wie für Juden: der einzelne ist mehr als das Teilchen eines großen Ganzen, mehr als nur Glied der Menschheit, mehr als Volksgenosse, mehr als Bürger unter Bürgern. Er ist – und dafür steht sein persönlicher Name – ein Einmaliger und Unverwechselbarer, einer, der wichtig ist in den Augen Gottes. – Daß man im Zusammenhang mit dem Namen und der Frage, wer man sei, in solche religiösen Bereiche vorstößt, darf nicht

verwundern. Schließlich handelt es sich um die tiefsten und letzten Fragen, denen wir uns ausgesetzt sehen ...
Indem wir solche Fragen stellen, fordern wir von uns selbst eine Antwort darauf, welche Rolle wir in der Welt spielen wollen, mit unseren Begabungen und in der Einmaligkeit, für die unser Name ein Zeichen ist.

Hofname, Vorname und Zuname
Oder: Abgestufte Identität

„Moosbauer hoaß i,
der Schorsch bin i,
und Huber schreib' i mi."

☞ 53

Noch einmal: Wer bin ich?

A bißl schizophren

Manchmal is mir so sonderbar,
als wia wenn i gar net i waar.
Dann schaug i mi im Spiagl o
und frag mi: bist as jetzt do?

Komisch, daß i ausgerechnet i worn bin
und net vielleicht der Herr da drübn,
oder aa Sie, Herr Nachbar, und Sie
waarn dann rein zufällig i.

Aber es hätt aa no bläder komma könna,
und i waar a Pferdl, a Katz oder a Henna.
Oder Sie und i, mia zwoa
liegatn wo als a Ziagelstoa.

... Aber wenns mi jetzt überhaupt net gebat,
wenn i net da waar, koa bisserl net lebat?
O' mei, des sag i Eahna fei,
Herr Nachbar, des müaßat a saubläds Gfui sei.

Helmut Zöpfl

Von Modenamen und Namensmoden

Haben Sie schon einmal überlegt, welchen Namen Sie für sich ausgewählt hätten, wenn Sie gefragt worden wären ...? Oder welchen Namen Sie sich heute aussuchen würden, wenn Sie keinen hätten? – Zugegeben, das sind eigenartige Fragen – fast so schwer zu beantworten wie jene: Was wäre mit mir, wenn meine Mutter einen anderen Mann geheiratet hätte? – Nicht vorzustellen!

Merkwürdig, daß wir einen Namen akzeptieren, den wir uns so wenig ausgesucht haben, wie wir unsere Eltern aussuchen konnten. Man ist gewissermaßen in ihn hineingewachsen, man identifiziert sich mit seinem Namen, und die andern tun es auch. Wirkliche Unzufriedenheit und der ernsthafte Wunsch, sich umzubenennen, sind außerordentlich selten. Das verwundert umso mehr, als bei der Namenswahl für ein neugeborenes Kind doch eine ganze Portion Zufälligkeit im Spiel ist.

Woran denken die jungen Eltern an der Wiege ihres Kindes? Haben sie beizeiten über mögliche Namen gesprochen? Spielen Familientraditionen eine Rolle oder die Namen der Paten? Denken Eltern an

Vorbilder, die für Kinder eine Lebensorientierung bedeuten könnten? Haben sie Wünsche für das Kind, die sich in einen Namen kleiden ließen?
Die Namensforscher sind sich einig, daß heutzutage Familientraditionen, also etwa der Name des Vaters oder des Großvaters für den sogenannten Stammhalter, kaum noch als verbindlich angesehen werden. Es scheint eher so zu sein, als wollten Eltern auch durch die Wahl des Namens das Individuelle, das Einmalige und Unverwechselbare an diesem kleinen Menschenkind betonen. Dabei bleibt freilich für unbewußte Einflüsse aus der Welt der Medien, aber auch aus eigenen Kindertagen und deren Freundschaften eine Menge Spielraum. Zu diesen unbewußten Einflüssen zählt auch das, was man als Namensmoden bezeichnet.
Da glaubten Eltern besonders originell zu sein und gaben ihrem ersten Sohn im Jahre 1960 den Namen Christoph. Sechs Jahre später, als Christoph in die Schule kam, saß er plötzlich mit vier weiteren Christophs in einer Klasse! Dasselbe passiert auch heute, nur mit anderen Namen. Solche Namen sind plötzlich da, niemand hat für sie geworben, aber sie gefallen – und nicht nur einem Elternpaar! Eine geheimnisvolle Mode, die keiner diktiert!
Französische Namensforscher haben dazu eine interessante Beobachtung gemacht. Sie besagt zusammengefaßt: Sage mir, wie Du heißt, und ich sage Dir, wann Du geboren bist! Philippe Besnard und seine Kollegen haben nämlich herausgefun-

den, daß in einem bestimmten Zeitabschnitt mindestens ein Drittel aller Neugeborenen auf nur zehn verschiedene Vornamen getauft werden. Dadurch entsteht jedesmal eine dominante Namensgruppe in der Gesellschaft.

In den zwanziger und dreißiger Jahren waren das bei französischen Mädchen die „ette", nämlich Georgette, Colette, Odette usw., in den vierziger Jahren die „iane", also Eliane, Christiane, Viviane und schließlich in den sechzigern die „ie": Julie, Sophie, Emilie, Sylvie und Nathalie. Mit dieser Nathalie hat es noch eine besondere Bewandtnis, die sogar über die Grenze zu uns herübergeschwappt ist: Bis 1960 und nach 1985 spielte dieser Name praktisch keine Rolle. Von 1962 an aber hatte er einen kometenhaften Aufstieg genommen, der bis etwa 1980 anhielt. Was war da passiert? – Nathalie Wood ist mit Leonard Bernsteins Musical „West Side Story" weltberühmt geworden, und Gilbert Becaud sang das erfolgreiche Chanson „Nathalie", das auf Schallplatte Millionenauflagen erreichte. Gegen zwei so attraktive Namens-Lokomotiven ist natürlich kein Kraut gewachsen!

Was für Frankreich und dortige Namen gilt, können wir getrost für uns übernehmen, nicht nur, weil Nathalie auch hierzulande „erfolgreich" wurde, denken Sie vielmehr an den Aufschwung des Namens Nicole, seit die Sängerin gleichen Namens beim Internationalen Schlagerwettbewerb „Grand Prix d'Eurovision" 1982 den ersten Platz belegt hatte. Sie erinnern sich: „Ein bißchen Frieden ...“ Und was die breiteren Namens-Modewellen betrifft, so würden statistische Untersuchungen bei uns ganz ähnliche Ergebnisse zu Tage fördern. Man braucht ja nur einmal Eltern und Großeltern nach den Namen von einst zu fragen ...!

Heinrich, August, Wilhelm, Friedrich, Emil, Theodor, Karl, Rudolf und Otto oder Luise, Hermine, Martha, Hildegard, Adele, Gertrud, Mathilde und Gisela gehören vor der Jahrtausendwende nicht gerade zu den bevorzugten Vornamen! Eher schon solche, die im ersten Drittel des 20. Jahrhunderts als altmodisch und geradezu „unmöglich“ galten. – Wer hätte noch in den fünfziger Jahren die Vorhersage gewagt, es stünde ein Comeback alter biblischer Namen bevor? Und wie sie sich heute in Kindergärten und Klassenzimmern tummeln: Eva, Sarah, Judith, Rebekka, Jessica, Noemi und Ruth, Daniel, Tobias, Simon, Gabriel, Noah, Jakob, David, oder auch die alten Heiligennamen wie Lukas, Benedikt, Kilian, Felix, Philipp, Fabian und Michael und bei den Mädchen Agnes, Dorothea, Anna/Anne, Maria, Katharina und Lisa.

Ist da unter jüngeren Eltern eine große religiöse Bewegung ausgebrochen? Gar eine innere Hinwendung zur Bibel des Alten Testaments? Es sieht nicht danach aus. Eher scheinen die Namensforscher recht zu haben, die sagen, neben allen denkbaren Beweggründen, die die Wahl eines Namens beeinflussen, sei der Wohlklang und der Zusammen-

klang von Vorname und Familienname das stärkste Motiv. Kein Wunder, daß man also von geläufigen Namen gerne absieht und sich unverbrauchten „antiquarischen“ zuwendet, die gerade deshalb neu und originell erscheinen.
Daß etwa der Name Daniel „Gott ist mein Richter“ bedeutet und Simon soviel wie „Gott hat gehört“, das ist den meisten Eltern so wenig wichtig wie der Bedeutungsgehalt alter deutscher Namen. Jedenfalls kein Vergleich mit den Indianern. Die wußten, warum sie ihre Söhne Adlerauge, schneller Pfeil oder großer Donner nannten!

Mich gibt es doppelt

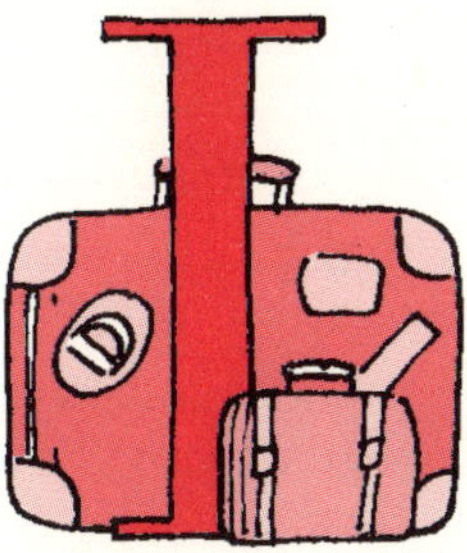

In einer tunesischen Flughafenhalle unter lauter braungebrannten deutschen Feriengästen schlenderten meine Familie und ich. Wir alle warteten auf den Heimflug. Da merke ich, wie ein unglaublich gut aussehender Herr mich freundlich mustert und gemessen sein Haupt neigt. Ich grüße ebenso höflich zurück, bin aber ganz sicher: Den kenne ich nicht.
Als wir wieder bei ihm vorbeikommen, fragt er sanft: „Herr Hirsch, nicht wahr?“ Ich stimme eifrig zu in der leutseligen Art, die ich nun mal an mir

habe, und sage nur: „Ja, gut erkannt." Mag dieser Mann mit den rehbraunen Augen mich kennen, ich kenne ihn wirklich nicht. Wahrscheinlich einer aus unserem Sendegebiet, denke ich, der mich mal im Fernsehen gesehen hat. Die Bekanntschaft ist etwas einseitig, kann ja vorkommen.

Als ich mich später im Flugzeug zufällig umdrehe, sitzt die edle Erscheinung keine fünf Reihen hinter uns, gleich am Gang. Und dabei fällt mir ein, dieses Ferienflugzeug fliegt ja gar nicht in unsere norddeutsche Heimat, wir haben von der Pfalz aus gebucht! Alles Pfälzer um uns herum. Und nun wird mir endlich klar, woher der Herr mich kennt. In der Gegend lebt nämlich mein Zwillingsbruder, die andere Hälfte von uns Eineiigen.

Also gehe ich ein paar Reihen nach hinten, will mich für meine Begriffsstutzigkeit bei dem Mitreisenden entschuldigen, da kommt er mir zuvor: „Ich verstehe schon, daß Sie mich nicht wiedererkennen, Sie sehen mich sonst nur im weißen Kittel, ich bin Ihr Zahnarzt." Tatsächlich, mein Bruder hat mir mal erzählt, er sei bei dem schönsten Zahnarztehepaar Süddeutschlands in Behandlung, noch schöner als der Mann wäre nur seine ebenfalls praktizierende Ehefrau. Ein Blick nach links bestätigt mir das ..., hinreißend großartig. Auch sie sieht mich an mit der Gewißheit, mich schon oft behandelt zu haben.

„Meinen Zahnarzt habe ich ganz anders in Erinnerung", fange ich zögernd an, um den Fall endlich aufzuklären, aber so geht es auch nicht. Die beiden

blicken sich kurz an, als wollten sie sich darüber verständigen, daß für diese Störung wohl die Kollegen von der Psychiatrie zuständig seien. „Wissen Sie“, bringe ich nun stammelnd heraus, „mich gibt es zweimal auf der Welt ...“, aber das scheint die Diagnose nur zu bestätigen. „Glauben Sie mir, ich bin der andere“, versuche ich es noch einmal. Die müssen mich doch als Doppelgänger erkennen!
Nun fruchtet auch das Stichwort „Zwilling“ nichts mehr. Also ziehe ich meine letzte Karte und blecke die Zähne, während ich hervorzische: „Ist das etwa Ihre Arbeit?“ Damit errege ich aber nur die Aufmerksamkeit der übrigen Passagiere, die wohl glauben, nun hielte ich mich auch noch für ein Raubtier. Das schöne Zahnarztpaar nickt nur immer milde dazu, um mich zu besänftigen, während ich mich, geschlagen, allmählich zurückziehe.
Am Flughafen warten wir auf unser Gepäck. Diese Wartezeit ist meine letzte Chance. Ich bitte die Herrschaften, doch einmal mitzukommen, und führe sie an die Glasscheibe, die uns Reisende von den uns abholenden Angehörigen trennt. Da steht er, mein Zwillingsbruder, außer sich vor Vergnügen, daß sich sein Bruder und seine Zahnärzte gefunden haben. Das schöne Paar blickt nun von einem von uns zum anderen und nimmt Gelegenheit, vorübergehend auch mal am eigenen Verstand zu zweifeln. Offen gesagt, es war mir eine Genugtuung.

Eike Christian Hirsch

☞ 61

Heilige

Was sind das für Leute?

Wenn schon bei so vielen unserer Namen Heilige im Spiel sind, liegt es nahe, diese Frage zu stellen.
Erste Feststellung: Heilige sind Menschen. Deswegen können sie nicht angebetet werden. Anbetung gebührt Gott allein.
Zweite Feststellung: Heilige gibt es nicht nur im Himmel! Heilige können mitten im Leben stehen, auch wenn sie keiner erkennt.
Dritte Feststellung: Heilige sind Menschen mit Schwächen und Fehlern, keiner von ihnen ist als Heiliger geboren worden. Sie haben sich erst zu dem entwickelt, weswegen sie uns imponieren.
Inzwischen hat sich - was den illustren Personenkreis angeht, der zu den Heiligen gerechnet wird - das Verhältnis zwischen der katholischen Kirche und den reformatorischen Kirchen deutlich entspannt. Belege dafür liefern namhafte protestantische Autoren, die sich in mehrbändigen Werken mit Heiligen auseinandergesetzt haben. Sie haben sie dabei in sorgfältiger Arbeit von allem erstickenden Dekor überwuchernder Volksfrömmigkeit befreit und glaubwürdige Menschen und Christen zutage gebracht.
Für Heilige gilt keine Uniform- oder Kleiderordnung. Es gibt alle Temperamente und alle Begabungen: Intellektuelle und bescheidene Geister, Mägde

und Herrscher, Mystiker und Praktiker und solche wie Teresa von Avila, die sich ungeniert zu ihrer „unausrottbaren Lust auf gezuckerte Orangenblüten" bekannt und eine mißvergnügte Nonne mehr gefürchtet hat als ein ganzes Heer von Dämonen.
Sir Thomas Morus, Lordkanzler Heinrichs VIII., der von Natur aus eher empfindsam gewesen sein muß, brachte es auf dem Weg zur Hinrichtung zu einer geradezu unglaublichen Heiterkeit. Vor dem Schafott sagte er zu seinem Henker: „Ich bitte Euch, geleitet mich hinauf, herunter komme ich dann von alleine." Und Pater Alfred Delp, der am 2. Februar 1945 in Berlin-Plötzensee gehenkt wurde, sagte zu dem Gefängnisgeistlichen, der ihn begleitete: „In einer halben Stunde weiß ich mehr als Sie!" Vor solcher Glaubensgewißheit im Angesicht des Todes verwundert es kaum, daß seit jeher der Todestag eines Heiligen als sein Festtag gefeiert wird.
Warum also sollte man nicht einmal nachforschen, wer der ursprüngliche Träger des eigenen Namens gewesen ist? Wenn gegenwärtig in der Geschichtswissenschaft versucht wird, erlebte und erzählte Geschichte stärker zu betonen als nackte Fakten und Daten, liegt es da nicht nahe, von lebendigen Vorbildern für das eigene Leben zu profitieren?
Welche Menschen hat nicht allein unser Jahrhundert hervorgebracht, Verstorbene und Lebende, völlig Unbekannte und in Rom Heiliggesprochene: Albert Schweitzer, Martin Luther King, Dietrich Bonhoeffer, Maximilian Kolbe, der im KZ für einen

Familienvater freiwillig in den Tod gegangen ist, oder Mutter Teresa, die sich der Hilfe für Sterbende auf den Straßen Kalkuttas verschrieben hat ...
Sie alle wirken durch ihre Persönlichkeit. Dagegen verblassen Theorien und Dogmen; nicht weil sie falsch wären, sondern weil Heilige lebendige Zeugen sind für das, was ihnen wichtig ist im Leben.

Heilige und ihre Attribute

Sankt Barbara mit dem Turm,
Sankt Margareth mit dem Wurm (Drachen),
Sankt Kathrein mit dem Radl,
das sind die heiligen drei Madl.

Der Himmel

Es war einmal ein kleiner Heiliger, der hatte viele Jahre ein glückliches und zufriedenes Leben geführt. Als er eines Tages gerade in der Klosterküche beim Geschirrabwaschen war, kam ein Engel zu ihm und sprach: „Der Herr schickt mich zu dir und läßt dir sagen, daß es an der Zeit für dich sei, in die Ewigkeit einzugehen."
„Ich danke Gott, daß er sich meiner erinnert", erwiderte der kleine Heilige. „Aber du siehst ja, was für ein Berg Geschirr noch abzuwaschen ist. Ich möchte nicht undankbar erscheinen, aber läßt sich das mit der Ewigkeit nicht so lange hinausschieben, bis ich hier fertig bin?" Der Engel blickte ihn nach Engelart weise und huldvoll an und sprach: „Ich werde sehen, was sich tun läßt", und verschwand. Der kleine Heilige wandte sich wieder seinem Geschirrberg zu und danach noch allen möglichen anderen Dingen ...
Eines Tages machte er sich gerade mit einer Harke im Garten zu schaffen, da erschien auf einmal wieder der Engel. Der Heilige wies mit der Harke gartenauf und gartenab und sagte: „Sieh dir das Unkraut hier an! Kann die Ewigkeit nicht noch ein biß-

chen warten?" Der Engel lächelte und verschwand abermals.
Der Heilige jätete den Garten fertig, dann strich er die Scheune. So werkte er fort und fort, und die Zeit ging dahin ... Eines Tages pflegte er die Kranken. Er hatte eben einem fiebernden Patienten einen Schluck kühlen Wassers eingeflößt, da sah er, als er aufblickte, wieder den Engel vor sich.
Dieses Mal breitete der Heilige nur mitleidheischend die Arme aus und lenkte mit den Augen des Engels Blicke von einem Krankenbett zum anderen. Der Engel verschwand ohne ein Wort.
Als der kleine Heilige sich an diesem Abend in seine Klosterzelle zurückzog und auf sein hartes Lager sank, sann er über den Engel nach und über die lange Zeit, die er ihn nun schon hingehalten hatte. Mit einem Mal fühlte er sich schrecklich alt und müde, und er sprach: „O Herr, könntest du deinen Engel doch jetzt noch einmal schicken, er wäre mir sehr willkommen."
Kaum hatte er geendet, stand der Engel schon da: „Wenn du mich nimmst", sagte der Heilige, „so bin ich nun bereit, in die Ewigkeit einzugehen!"
Der Engel blickte den Heiligen nach Engelart weise und huldvoll an und sprach: „Was glaubst du wohl, wo du die ganze Zeit gewesen bist?"

Albert Schweitzer

Ein trauriger Heiliger –
das wäre ein „trauriger Heiliger"!

Legenden: nichts als fromme Märchen?

Entschuldigen Sie, aber das gehört ja wohl in das Reich der Legende ...“, so hört man gelegentlich Politiker sagen. Damit wollen sie ausdrücken, was da gesagt wurde, habe nichts mit der Wirklichkeit zu tun, es sei aus der Luft gegriffen, ein reines Produkt der Phantasie.

Was sind eigentlich Legenden? Es sind Erzählungen über Heilige, die man allerdings nicht für historisch getreue Tatsachenberichte halten darf. In vielen Fällen weiß man ja von einem Heiligen nicht einmal das Geburtsdatum; niemand hat Protokoll geführt über seine Erlebnisse, Taten, Entscheidungen, nur damit wir nach Jahrhunderten ein zutreffendes Bild von diesem Menschen hätten. Legenden aber gibt es von fast allen Heiligen. Von manchen weiß man sogar genau, wer sie verfaßt hat.

Ein japanischer Philosoph, der sich eingehend mit Legenden beschäftigt hat, sagt, Legenden seien Erzählungen, die das Leben von Heiligen gewissermaßen „von oben her“, nicht „von unten her“ beschreiben. Entscheidend ist demnach die veränderte Perspektive, wenn man so will: der Blickwinkel Gottes, der das Wesentliche erkennen läßt. Und damit auch einfache Gemüter das verstehen, wird

das Wesentliche durch Bilder und Szenen gewissermaßen illustriert. Da mag manches recht phantasiereich erscheinen, aber zufällig ist es nie.
Ein berühmtes Beispiel dafür ist der sympathische Bischof Nikolaus von Myra, der sich auch bei uns nach wie vor großer Beliebtheit erfreut und noch heute den Kindern den Nikolausteller und den Schokoladenproduzenten die Kasse füllt. Um 270 soll er geboren sein; unter Kaiser Konstantin – heißt es – wurde er verfolgt und eingesperrt; er habe am Konzil von Nikäa teilgenommen und dürfte um 342 gestorben sein. Historisch ist noch keinesfalls sicher, ob er nicht sogar ein Jahrhundert später gelebt hat. Auf alle Fälle muß dieser Mann eine unglaubliche Ausstrahlung gehabt haben. Nur das erklärt, wieso er vom 6. Jahrhundert an in Konstantinopel und Rom, im Rheinland und in Griechenland, in England und Frankreich und vor allem in Rußland verehrt und um Hilfe angerufen wurde. Offenbar haben ihn Menschen zu verschiedensten Zeiten als präsent erfahren. So wurde Nikolaus zum universalen „Nothelfer“ für die ganze Kirche.
Über ihn gibt es eine große Zahl von Legenden, darunter folgende: „Es begab sich, daß Leute, da sie auf dem Meere fuhren, in große Not gerieten. Da riefen sie Sankt Nikolaus um Hilfe an. Zur Stund erschien ihnen einer, der aussah wie er. Und er begann, ihnen beizuspringen an Segeln und Tauen und übrigen Schiffsgeräten. Und alsbald beruhigte sich das Meer. Als sie nun an Land kamen, gingen

sie zu seiner Bischofskirche. Und obwohl sie ihn vorher noch nie gesehen hatten, erkannten sie ihn sofort, ohne daß jemand ihnen hätte einen Hinweis geben müssen. Sie dankten Gott und ihm für ihre Rettung."

Das Besondere an dieser Legende: Sie spielt zu Nikolaus' Lebzeiten, nicht erst nach seinem Tod, da man ihn schon „im Himmel" hätte vermuten können. Man muß also schon dem Zeitgenossen zugetraut haben, daß irdische Begrenzungen für ihn nicht unüberwindlich waren ... Ein lebender Heiliger also zu seiner Zeit!

Aber die fromme Erzählung von der Not der Schiffsleute läßt sich auch im übertragenen Sinn deuten. Das ganze Leben ist ja ein Unterwegssein, durchaus einer Seereise vergleichbar, mit Flauten und Stürmen, mit Wellen und Brechern, an sonnigen Tagen und in finsteren Nächten - von mordlustigen Piraten gar nicht zu reden. Da ist es allemal gut, jemanden zu haben, der sich auskennt auf See, mit Untiefen und Klippen, und der - das Ziel der Reise im Auge - sicher Kurs halten kann.

Aber sind Legenden nicht doch nur so etwas wie fromme Märchen? Ja, das sind sie! - auch wenn da und dort ein historischer Kern enthalten sein mag. Aber was sind denn Märchen? Lesefutter für Kinder? In jedem Falle mehr als das! Märchen reichen in die Tiefen der menschlichen Seele hinab und sagen etwas aus über die Welt und unser Leben. Genau besehen sind also Märchen und Legenden Geschwister. Das Märchen erzählt tiefe Wahrheiten über *den Menschen und die Welt*; die Legende tut das gleiche über das, was sich *zwischen den Menschen und Gott* begibt. Übrigens: Legenden gibt es nicht nur im Christentum, sondern genauso und mit gleicher Berechtigung im Buddhismus, im Judentum und im Islam.

„In Gottes Namen" hat die Grossmutter immer gesagt

„In Gottes Namen" haben ältere Leute früher gerne gesagt. Und dafür gab es zwei verschiedene Anlässe: Einmal klang es wie „Na gut, wenn es denn unbedingt sein muß ...", und das signalisierte Pflichterfüllung ohne Begeisterung. Im anderen Falle sagte man es, wenn jemand für längere Zeit von zu Hause Abschied nahm, wenn der Sohn gar in den Krieg ziehen mußte, wenn zwei junge Menschen heirateten oder wenn man einen lieben Verstorbenen auf seinem letzten Weg begleitete: In Gottes Namen!

Bleiben wir zunächst bei diesen gewichtigeren Anlässen: Da waren die Alten sich der besonderen Bedeutung des Augenblicks bewußt und erbaten Gottes Schutz und Geleit: „In Gottes Namen!" – Wie kommt aber das Wort „Namen" in eine solche Anrufung hinein? Um darauf eine Antwort zu finden, muß man weit in die gemeinsame Geschichte von Judentum und Christentum zurückgehen.

Den Israeliten war es verboten, den Namen Gottes auszusprechen. Das verbot ihnen die Ehrfurcht, ähnlich wie es noch bis in unsere Zeit für den Bürger einer Monarchie unvorstellbar wäre, seinen König oder seine Königin mit deren persönlichen Namen – Alfonso oder Elisabeth – anzusprechen. „Majestät" heißt die korrekte Anrede. Und statt „Majestät" wählte das Gottesvolk des Alten Bundes den „Namen Gottes" als Umschreibung oder „Kürzel" für Gott selbst.

Seitdem bezeichnet also in der Bibel des Alten Testamentes der „Name Gottes" die Person Jahwes selbst.

Wenn die Großmutter also ein Kind „in Gottes Namen" verabschiedete, dann wollte sie damit sagen: „Du sollst aufgehoben sein in Gott, beschützt von seiner Güte!" – Im zweiten Fall, wenn etwas getan werden muß, das uns ein „In Gottes Namen" nur wie einen Seufzer entlockt, wird „Name" in einer ganz anderen Bedeutung gebraucht. „Namens" des Ersten Vorsitzenden handelt dessen Stellvertreter, und ein Anwalt mit entsprechender Vollmacht spricht vor Gericht „im Namen" seines Mandanten. Da ist beide Male der Auftrag eines Dritten gemeint, der zu erfüllen ist.

Die Großmutter sah demnach das, was ihr zu tun schwerfiel, als etwas an, wovon Gott wollte, daß es erledigt werde. Und merkwürdig – so gesehen fiel

manche Mühsal leichter als bei der angezogenen Bremse von Unlust und Widerwillen.
Was das Nennen oder das Nicht-Nennen von Namen betrifft, so hatte das im Leben aller Völker eine ganz besondere magische Bedeutung: Verschweigen kann ich einen Namen – wie wir gesehen haben – aus Ehrfurcht. Ich kann allerdings einen Namen auch aus blanker Angst vermeiden. Was heißt das? Jede Nennung eines Namens übt gemäß magischen Vorstellungen Macht auf dessen Träger aus. Der Genannte wird in irgendeiner Weise beschworen. Darum wird der Teufel meist nicht beim Namen, sondern nur in Umschreibungen genannt, als der Böse, der Beelzebub, der Gottseibeiuns ... Und unheimliche Tiere, die Feinde der Bauern, nämlich Wolf, Bär und Fuchs, heißen ursprünglich wohl aus dem gleichen Grund „Isegrim", „Meister Petz" und „Reineke" – wer weiß, was passieren könnte, wenn man ihre richtigen Namen gebrauchte ...! – Nicht umsonst sagt man im Rheinhessischen: „Wie (sobald) mer de Esel nennt, kimmt er gerennt!" und meint damit beileibe nicht nur den Esel ...
So haben es auch viele Naturvölker peinlich vermieden, die Namen von Verstorbenen auszusprechen. Sie fürchteten sich zu sehr vor den Geistern der Toten und hatten Angst, sie könnten sich durch die bloße Namensnennung gerufen fühlen und zurückkehren.
Ein anderer Grund für das Verschweigen von Namen liegt im Schutz vor Schaden. Deshalb hat man

früher in vielen Gegenden den Namen eines Neugeborenen bis zur Taufe geheimgehalten. Auf diese Weise war das Kind vor bösen Geistern geschützt, weil die nur über jene Macht haben, deren Namen sie kennen.
Es gab aber auch Fälle, in denen einer sogar seinen eigenen Namen verschwiegen hat. – Warum? – Weshalb hat Rumpelstilzchen sich mitten entzwei gerissen? Weil es sich in der Anonymität geschützt wähnte: „Ach wie gut, daß niemand weiß, daß ich Rumpelstilzchen heiß'!" Da hörte es sich plötzlich beim Namen genannt, und schon war der Zauber verflogen, die Macht des Bösen gebrochen.
Etwas anders sieht es bei Lohengrin aus, der freilich eher den guten Mächten zuzurechnen ist. Er erscheint Elsa als strahlender Ritter und Retter, besteht aber darauf, nicht nach seinem Namen gefragt zu werden. Als Elsa die Frage nicht mehr zurückhalten kann, nennt er ihn; aber damit ist es auch vorbei mit seiner geheimnisvollen Mission!
Das Erraten oder Erfragen des Namens hat also bei den Alten sowohl den guten wie auch den bösen Geist vertrieben.

☞ 73

Taufe, Paten, Namenstag

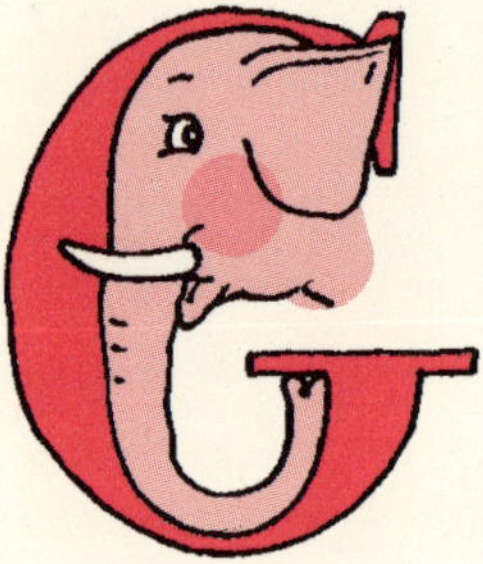

Gelegentlich „tauft“ ein Politiker oder Künstler einen neugeborenen Elefanten im Zoo – womöglich auf seinen eigenen Vornamen – und übernimmt damit die Patenschaft. Oder die Ehefrau eines Prominenten „tauft“ beim Stapellauf einen Tanker, indem sie eine Sektflasche am Bug zerschellen läßt. In solchen Fällen bedeutet „Taufe“ nichts anderes als Verleihung eines Namens. Entsprechend halten manche Zeitgenossen die Taufe eines Kindes lediglich für den Akt der Namensgebung.

Dabei gehörten Taufe und Namensgebung ursprünglich gar nicht zusammen. Diese Verbindung kennt man – zumindest in Europa – erst seit dem 12. Jahrhundert. Hätte man von Anfang an mit der Taufe die Verleihung frommer Namen verbunden, dann wären unsere vielen alten germanischen Namen nie so lange erhalten geblieben! – Wenn die Taufe aber nicht nur eine Namensfeier ist, was ist sie dann?

Zunächst: Es gibt in verschiedenen Kulturen besondere Riten, durch die kleine Menschenkinder in die Gemeinschaft aufgenommen werden. Da ist bei den Juden z. B. die Beschneidung der Knaben, aber es gibt auch bei den Indianern Gepflogenheiten, die durchaus einige Elemente unserer Taufe aufweisen. Bei den Ache-Indianern in Paraguay bilden bei der Geburt mehrere Menschen einen Schutzkreis um die Mutter und das Neugeborene. Zwei Personen spielen dabei eine besondere Rolle: der *jware*, der die Nabelschnur durchtrennt, und die *upiaregi*, die das Kind vom Boden aufhebt. Sie sind praktisch das Gegenstück zu unseren Taufpaten, nehmen dem Kind gegenüber eine Stellung ein, die derjenigen von Mutter und Vater vergleichbar ist. Und diese Paten werden den Eltern zu Verbündeten bzw. Wahlverwandten.

Die christliche „Taufe" geht sprachlich zurück auf das gotische Wort „daupjan", d.h. eintauchen. Tatsächlich wurden bei der Taufe die Erwachsenen früher regelrecht untergetaucht; Kindern wird heute Wasser über den Kopf gegossen. Diese Handlung gilt allen christlichen Bekenntnissen seit je als die wichtigste. Was bedeutet sie? Der Getaufte nimmt teil am Geheimnis des Todes und der Auferstehung Jesu, indem er „unter Wasser" begraben wird und mit ihm neu ersteht. Die Taufe symbolisiert eine Reinigung und ist das Tor zu einem neuen Leben.

In der frühen Kirche war die Osternacht der wichtigste Tauftermin des Jahres. Von da führt ein kurzer Weg zur Taufkerze als Licht von der Osterkerze. Von der Taufe von Kleinkindern war damals noch nicht die Rede. Sie wurde erst gebräuchlich, als die Gesellschaft insgesamt christlich geworden war. Da wollte man auch die Kinder möglichst früh in die Gemeinschaft der Kirche aufnehmen. Das Untertauchen wurde freilich den Kleinen bald erspart, und Paten traten in Aktion, um stellvertretend für die Unmündigen den Taufwunsch zu erklären und das Taufversprechen abzulegen. Seitdem wünschen sich auch die Eltern, die Paten möchten ihren Kindern ein Leben lang hilfsbereit nahe bleiben. Diese Beziehung drückte sich auch häufig in der Wahl des gleichen Namens aus.

Die Kinder genossen also gewissermaßen doppelte Sicherheit: einmal durch die Paten und darüber hinaus durch den Schutz der Namenspatrone. Das war besonders in früheren Zeiten viel wert! Man braucht nur an Hunger und Krieg zu denken oder an das große Sterben, als im 14. Jahrhundert der „schwarze Tod“, die Pest, durch Europa raste und innerhalb von drei Jahren 25 Millionen Menschen hinwegraffte. Daß die meisten unserer Vornamen auf heilige Frauen oder Männer zurückgehen, braucht also nicht zu verwundern.

Bis zur Reformation trugen 90% aller Christen die Namen von Heiligen. Auch Luther hat seinen Kindern noch gebräuchliche Heiligennamen mitgegeben: Hans, Elisabeth, Magdalena, Martin, Paul und Margaretha ... Da versteht man übrigens auch umso eher, daß im Englischen das Wort für Vorname üblicherweise „christian name“ ist.

Weil die Namenspatrone so viel bedeuteten, sind auch ihre Festtage hochgehalten worden. Davon

sind in katholischen Gegenden unseres Sprachraums nur noch die Namenstage übrig, und auch sie scheinen mehr und mehr in Vergessenheit zu geraten, obwohl sie oft höher gehalten wurden als der Geburtstag.
Heutzutage erscheint die in vielen katholischen Familien gebräuchliche Übung geradezu salomonisch und empfehlenswert, nämlich beide Feste zu feiern, „wie sie fallen“!

Wettdichten mit dem Urgrossvater

„Was dichten wir?“ fragte mein Urgroßvater aus seiner Ecke.
„ABC-Gedichte“, antwortete ich.
Mein Urgroßvater war einverstanden.
Wir hatten schon öfter ABC-Gedichte verfaßt. Darum brauchten wir uns nur noch die Überschriften zu überlegen.
Mein Urgroßvater sagte: „Ich mache ein Männer-ABC auf die schwierige Art.“
„Gut“, sagte ich. „Dann mache ich ein Frauen-ABC – aber auf die einfache Art.“
„Einverstanden, Boy!“

Und schon fingen wir an zu reimen.
Mein Urgroßvater dichtete natürlich schneller und besser als ich. Aber weil er das schwierige ABC machte und ich das einfache, waren wir ungefähr

zur gleichen Zeit fertig. Wir knobelten, wer zuerst vorlesen dürfe, und ich gewann. So las ich mein Frauen-ABC von dem Kiefernbrett ab:

Das Frauen-ABC

A, Be, Ce, die schönen Damen
Aus dem Frauen-Alphabet
Haben wunderhübsche Namen,
Aufgezählt von A bis Zett.

Alma, Berta und Cäcilie,
Dora, Emma, Florentin'
Sind die Töchter der Familie
Schinkelmann aus Neu-Ruppin.

Gina, Herta, Inge, Jutta,
Karin, Lisa, Margaret
Kriegen manchmal aus Kalkutta
Von dem Onkel ein Paket.

Nelly, Olga und Paulinchen,
Die Quirina und die Ruth
Backen Kuchen mit Rosinchen,
Denn der schmeckt besonders gut.

Suse, Thea und die Ute,
Vera und Walpurga sind
Fast so artig wie der gute,
sanfte, leise Abendwind.

Xenia, Yvonn' und Zilla
Wohnen, wo kein Regen fällt,
Nämlich in der Wolkenvilla
Ganz am Ende dieser Welt.

A, Be, Ce, die schönen Damen
Aus dem Frauen-Alphabet
Und die wunderhübschen Namen
Enden leider mit dem Zett!

„Ganz ausgezeichnet, Boy", sagte mein Urgroßvater. „Diesmal hast du ein besseres Gedicht gereimt als ich." Über diese Bemerkung war ich sehr stolz, wenn ich sie auch nicht glaubte. Ich hatte ja nur ein einfaches ABC-Gedicht geschrieben. Mein Urgroßvater aber hatte sich die schwierige Art ausgesucht. Das heißt, er mußte hübsch nach dem ABC lauter Männer aufzählen, die es wirklich oder doch in Büchern gegeben hat, und das ist schwer.
Aber für meinen Urgroßvater war das eine Kleinigkeit. Er hielt also sein Kiefernbrett etwas von sich ab, weil er weitsichtig war, und las dann langsam sein Männer-ABC vor:

Das Männer-ABC

Adam war der erste Mann.
Also fang' ich mit ihm an.
Brutus fand es gar nicht fein,
Zweiter Mann in Rom zu sein.

Cäsar hatte alle Macht.
Brutus hat ihn umgebracht.
Dickens schrieb (wie ihr wohl wißt)
Den Roman „Oliver Twist".
Einstein trieb Mathematik
und zuweilen auch Musik.
Franklins Name stimmt uns heiter:
Er erfand den Blitzableiter.
Gulliver fuhr einst umher
Zwischen Inseln, fern im Meer.
Herkules, der große Held,
Steht des Nachts am Sternenzelt.
Iwan aus dem Kreml war
Rußlands allerschlimmster Zar.
Jonas saß mit trübem Sinn
In dem Bauch des Walfischs drin.
Knigge sagt uns würdevoll,
Wie man sich benehmen soll.
Lohengrin kam mit dem Schwan
Prompt zu Elsas Rettung an.
Mozart, der berühmte Mann,
Schrieb die Oper „Don Juan".
Noah rettete im Boot
Tiere von der Wassersnot.
Onkel Tom, der Neger, ward
Oft geschlagen, bös und hart.
Peter Pan, der Bube klein,
Wollte nie erwachsen sein.
Querkopf nennt man einen Mann,
Den man nicht belehren kann.

Riesen sind auch Männer. Bloß –
Sie sind unwahrscheinlich groß.
Sindbad hatte ungeheuer
Viele Meeresabenteuer.
Tut-anch-amon (wie bekannt)
Herrschte im Ägypterland.
Urian fuhr ohne Geld
Ganz alleine um die Welt.
Varus starb, besiegt und alt,
In dem Teutoburger Wald.
Wilhelm von Oranien
Kämpfte gegen Spanien.
Xerxes war ein König, der
Peitschte einst aus Zorn das Meer.
Yankees gibt's in USA,
Also in Amerika.
Zeus, vergib mir (wenn es geht)
Dieses Männer-Alphabet!

Ich wollte gerade in die Hände klatschen, da rief es von draußen: „Der Kaffee wird kalt!" – „Das ist die Ober-Großmutter, Boy", sagte mein Urgroßvater. „Sie wartet mit den heißen Wecken auf uns. Gehen wir."

James Krüss

☞ 81

Namenssuche

In den letzten Wochen vor der Geburt gab es die unvermeidlichen Namensdiskussionen. Clara schlürfte Kräutertee, Harry klirrte mit dem dritten Whiskyglas.
Bevorzugt, wenn Besuch da war, vertrieb man sich mit dem Namensuchspiel die Zeit. Dabei brachte der ärgerliche Nebensatz einer Duckwitz-Tante aus Münster über irgendeinen Schauspieler, der „schon irrsinnig jüdisch“ aussehe, die rettende Idee: „Wenn wir schon so schneidig germanisch, so preußisch-geschnarrt Duckwitz heißen“, sagte Harry, „dann soll wenigstens der Vorname so jüdisch sein wie nur möglich.“ Das habe auch den Vorteil, daß Antisemiten sofort bei der Namensnennung erkannt werden könnten. Die Tante schwieg:
Harry ging auf den Dachboden und suchte die Bibel. Was soll es denn werden, fragte die Tante, als er zurückkam. Wenn schon ein Kind, dann bitte keinen Stammhalter, sagte Harry und blätterte: Dalilah? – zu gewollt! Judith? – schön, aber hört man zuviel! Deborah? – zu amerikanisch! Anna? – zu schlicht! Maria? – ist doch katholisch! Eva? – zu urbildlich, auch gar nicht jüdisch! Rachel? – schön, engere Wahl! Sara? – mit oder ohne h, das weiß man

nie! Saba? - ist doch eine Stadt, keine Frau! Rebecca? - ist gut!
Rebecca war gut. Hübsche Story in der Bibel. Schöner Hitchcock-Film. Und dann nicht zu vergessen: Rebecca Nul, jene unvergleichliche Ehebrecherin und Liebhaberin, Motorradfahrerin und Romanheldin, die, als sich ein junger Leutnant über die Unweiblichkeit ihrer Lederkombi mokiert, dem uniformierten Todesdiener den königlichen Satz an den Kopf wirft: „Ziehen Sie sich gefälligst an wie ein Mann, wenn Sie mit einer Frau sprechen!" - Hoffentlich heiratet sie mal einen Offizier, eure Rebecca, sagte die Tante.

Joseph von Westphalen

Sag mal, Thomas, Ihr habt Zwillinge bekommen? - Ja! - Die heißen dann doch sicher Peter und Paul, oder so ähnlich ... - Das weiß ich nicht. Mein Papa hat nur was von Donner und Doria gesagt.

Wie Eulenspiegel geboren und dreimal getauft wurde

In dem kleinen Dorf Kneitlingen, das in der Nähe von Schöppenstädt beim Wald Melbe liegt – der heute Im Elm heißt –, wurde um das Jahr 1300 Till Eulenspiegel geboren. Sein Vater war Klaus Eulenspiegel, die Mutter hieß Anna Wibiken.

Als der neugeborene Knabe getauft werden sollte, schickte ihn die Mutter in den Nachbarort Ambleben, aus dem sein Taufpate stammte. Und weil der Taufgöd, wie man damals zum Taufpaten sagte, Till von Utzen hieß, bekam auch der Täufling den Vornamen Till.

Nach der Taufe in der Kirche trank man, wie es so Sitte war, im Wirtshaus auf die Gesundheit des Täuflings. Man war recht vergnügt und ließ es sich wohl ergehen, zumal ja der Kindsvater die Zeche bezahlen mußte. Auf dem Heimweg nach Kneitlingen hatte man es dann eilig. Nun gab es da aber auf dem Weg eine kleine, schmale Brücke, die über eine schmutzige Pfütze führte. Die Taufgodel, die den kleinen Till trug und die im Wirtshaus dem Bier recht zugesprochen hatte, rutschte aus und fiel mitsamt dem Täufling in den Schlamm. Beide waren so verdreckt, daß die Frauen, die die Taufgesellschaft begleiteten, den Knaben erst zurücktrugen, um ihn vom Morast zu befreien, bevor sie ihn seiner Mutter zurückbrachten.

So wurde Till Eulenspiegel also dreimal getauft: zuerst in der Kirche, nach christlichem Brauch, dann im Schlamm und zuletzt im warmen Wasser einer Holzbütte – und das gefiel ihm wohl am besten.

Leben mit einem ungewöhnlichen Vornamen

Oft passiert es montags, so wie heute. Eine männliche Stimme am Telefon. „Spreche ich mit ...“ Ja, Sie sprechen mit ... „Mein Name ist Wolf-Dietrich von Soundso.“ – Pause ... „Sagt Ihnen der Name was?“ Nein, sagt mir nichts ... Vielleicht wieder mal einer, denke ich, der seine Magisterarbeit über den Urenkel Dschingis-Khans schreibt? Oder einer, der wissen will, wie man Omar Khayyam ausspricht?
Ich bleibe am Apparat, warte auf das Stichwort. „Also mein Name sagt Ihnen nichts?“ Nein, tut mir leid. „Spielen Sie Geige?“ Nein, spiele ich nicht ... „Früher mal blonde Haare, blaue Augen?“ Leider auch nicht ... Worum geht es denn, Herr – wie war doch der Name? „Wissen Sie“, sagt der Herr von Soundso, „ ich hatte nämlich eine Cousine, die auch Erdmute hieß und später dann geheiratet hat. Es

war ja Krieg, und irgendwann hat man sich aus den Augen verloren. Sie war ... (es folgt eine Personenbeschreibung besagter Cousine, die Erdmute hieß. Keine Möglichkeit, ihn zu unterbrechen). Sie war ein sehr, sehr nettes Mädchen ... Und gestern habe ich Ihren Artikel gelesen. Und da dachte ich mir, es könnte ja sein, daß Sie meine Cousine sind. Der Name ist doch recht selten!"

Mag sein, daß der Name selten ist. Ich jedenfalls kenne inzwischen schon mindestens ein Dutzend von der Sorte, nach der über meine Telefonnummer „gefahndet" wird. Einmal war es eine ältere Dame aus dem ehemaligen Ostpreußen. Suchte nach einer früheren Schulfreundin, die auch so hieß. Ob ich in Danzig geboren und meine Großmutter eine geborene von Itzenplitz, vormalige Rittergutsbesitzerin, gewesen sei?

Ein andermal war einer dran, der wissen wollte, wie ich überhaupt zu diesem Namen gekommen sei. Nur so! Ob meine Eltern Fontane-Liebhaber waren oder gar ... Er räusperte sich und faselte irgend etwas von Brünnhilden und anderen Germaninnen. Schließlich fand er dann selbst heraus, woran es wohl lag. „Das war eben damals so die Zeit", meinte er. Ich hängte ein.

Der Vorletzte war vermutlich Namensforscher oder Studienrat für Germanistik. Es handele sich, meinte er, doch wohl um einen altdeutschen Namen, der im Mittelalter – vor allem im Hochadel – besonders beliebt gewesen sei. Ob ich ihm sagen könne, wann

er zum ersten Mal in der Literatur auftauchte? „War ja nur eine Frage“, meinte er – und plauderte dann unermüdlich noch ein halbes Stündchen weiter ...
Damit dieses frühmorgendliche Telefonieren jetzt ein für alle Mal ein Ende hat, erkläre ich hiermit in aller Öffentlichkeit und unter Eid: Meine Großeltern waren keine Rittergutsbesitzer. Keiner meiner Vorfahren gehörte dem Hochadel an. Auch gab es keinen ostelbischen Junker unter meinen Ahnen. Ich habe nie Geige gespielt. Mein Vater war ein bodenständiger Schwabe. Er las nicht Fontane, sondern seinen Schiller. Er hatte dunkle Haare und braune Augen, die er an mich weitergegeben hat. Das war so ziemlich alles, was an ihm „braun“ war in „jener Zeit“. Ich kam weder in Danzig noch in der Mark Brandenburg zur Welt. Vielmehr in Schwäbisch Hall.
Was meinen Vornamen betrifft, so ist die Sache rasch erklärt: ich war als (zweites!) Mädchen nicht vorgesehen. Und daher hatte ich auch ziemlich lange keinen Namen. Erst als der Pfarrer intervenierte, setzten sich Kindsvater und Patenonkel zwecks Namensfindung zusammen. Wahrscheinlich hatten sie schon bald einen über den Durst getrunken und fingen von alten Zeiten zu reden an. Sie hatten als junge Agronomen ihr landwirtschaftliches Praktikum auf einem preußischen Gut gemacht. Irgendwann kamen sie dann auch auf das gräfliche Töchterlein zu sprechen. (Es muß eine ziemlich kesse Biene gewesen sein, und beide wa-

ren vermutlich verknallt in sie!) Nach dem dritten „Viertele“ fiel ihnen auch ihr Name wieder ein. Sie hieß Erdmute. Das ist alles.
Weitere Nachforschungen sind daher zwecklos und füglich zu unterlassen ...

Erdmute Heller

Ein Kind ist doch kein Haustier!

Vorsicht bei der Namenswahl

Wer je die Freude erlebt hat, als Mutter oder Vater einen neugeborenen Erdenbürger auf dem Arm zu halten, der weiß, daß man sich bei allem Glück dem Gefühl der Verantwortung für dieses Menschlein nicht entziehen kann. Man denkt unwillkürlich daran, was auf dieses Kind wohl alles zukommen wird auf dieser buckeligen Erde ... – Zu der Ernsthaftigkeit solcher Augenblicke gehört auch die Frage, mit welchem Namen dieses Kind seinen Weg in die Welt machen soll. Vieles an Zufälligkeit wird nicht zu vermeiden sein; manches darf dem Kind ja auch zufallen wie ein Geschenk, auf das wir keinen Einfluß haben; dennoch, zu leicht sollten es sich Eltern nicht machen.
Ehe wir von Verirrungen und ausgesprochenen Namenstorheiten sprechen, vor denen Eltern ihre Kinder besser verschonen sollten, ein Blick zurück und ein Blick in einen fremden Kulturkreis:

Im Volksglauben hat der Name seit je magische Bedeutung für seinen Träger. Allen abergläubischen Vorstellungen, die sich an den Namen knüpfen, liegt der Glaube zugrunde, der Name bestimme zugleich das Wesen des Benannten, im Namen stecke damit ein Stück Schicksal. Deshalb war die Wahl des Namens für ein Neugeborenes schon immer eine besonders wichtige Aufgabe der Eltern. Durch den Namen der Paten sollte ursprünglich deren Wesen und auch deren Schutzgeist für das Kind beschworen werden. Etwas davon steckt noch in der christlichen Vorstellung, ein Heiliger oder eine Heilige möge der Patron des Kindes werden, sein Beschützer und Fürbitter bei Gott. Nur – welcher Heilige ist der richtige?

In Kärnten und anderswo wählte man nicht selten den Tagesheiligen des Geburtstages, andernorts loste man unter verschiedenen Namen, die die Paten trugen. Oder man überließ der Vorsehung die Entscheidung durch Zufall, indem man mehrere Kerzen mit Namen versah und den Namen wählte, dessen Kerze am längsten brannte. In Bosnien nahm man statt der Kerzen Kuchenstücke und ließ das Kind zugreifen ...

Bis heute spielt das Weihen und das Wünschen eine entscheidende Rolle. Das Weihen richtet sich auf überirdischen Schutz, der Wunsch meist auf das Vorbild des Namensträgers, dessen Charaktereigenschaften und beruflicher Erfolg auch dem Patenkind beschieden sein sollen.

☞ 89

In Japan erzählte eine junge Mutter, den Namen ihres neugeborenen Sohnes hätte weder sie noch ihr Mann ausgesucht. – Wie das? Wer sonst? – Auf näheres Befragen erklärte sie: Viele japanische Eltern wollen bei einer so wichtigen Sache wie der Namenswahl keinen Fehler machen. Deshalb treffen sie zwar eine Vorauswahl von Namen, die ihnen gefallen, aber die letzte Entscheidung überlassen sie einem Wahrsager oder einem Priester im Shinto-Schrein. Er bestimmt, welcher Name aus der engeren Auswahl für das Kind der richtige ist. Weil der Name mehr ist als eine bloße Bezeichnung, vielmehr eine geheimnisvolle Kraft bedeutet, trauen sich also viele japanische Eltern nicht zu, darüber zu entscheiden, und delegieren lieber ihr „Wahlrecht" ...

Was die japanischen Vornamen selbst betrifft, so lassen sie deutlicher als unsere eine Bedeutung erkennen. Man wählt dort nicht die Namen lebender oder historischer Vorbilder, damit das Kind jenen vorbildlichen Menschen nacheifern könne, vielmehr bezeichnen japanische Namen schöne und wertvolle Dinge oder edle Tugenden und Werte: Licht, Helligkeit, Blumen und Edelsteine aller Arten und Namen oder Begriffe wie Eleganz, Schönheit, Reinheit, Weisheit ... Angesichts solch imponierender Ernsthaftigkeit fällt es schwer, Verständnis zu haben für Verrücktheiten, die Eltern sich in unseren Breiten gelegentlich eines Gags oder einer Laune wegen bei der Namensgebung leisten.

„Tarzan darf ein Kind heißen, Rambo aber nicht" – mit dieser Überschrift wartete im Sommer 1995 eine deutsche Tageszeitung auf und gewährte ihren Lesern Einblick in die Namens-Rechtsprechung deutscher Gerichte. In der Tat scheint es so zu sein, daß jeder Standesbeamte ein trauriges Lied davon singen kann, was Vätern und Müttern nur mit Mühe ausgeredet werden kann oder worauf sie hartnäkkig bestehen, wenn sie in übermütiger Freude ihrer Kreativität freien Lauf lassen. Die Hartnäckigsten landen dann mit ihren originellen Namensideen vor Gericht. Hier einige Entscheidungen deutscher Gerichte.

Abgelehnt wurden dort bisher folgende Namen: *Verleihnix, Lord, Graf, Prinz, Grammophon, Princess Anne, Rambo, Störenfried und Möwe.*

Ob der Name *„Crazy Horse"* schon durch den Standesbeamten oder erst vom Richter abgewiesen wurde, läßt sich nicht mehr verifizieren.

Genehmigt wurden: *Sunshine, Sonne, Winnetou, Galaxina, Tarzan, Oleander, Don Juan Carlos* und *Pumuckl.*

Ob Namen aus der Geographie eine Zukunft haben, bleibt offen. Immerhin gibt es Eltern, die – aus welchen Gründen auch immer – ihre Töchter Latoya oder Cortina nennen wollen und ihre Söhne Rügen oder Athos. – Derlei Verrücktheiten haben allerdings Tradition, auch wenn dadurch das Verständnis und vor allem das Los der Kinder nicht erleichtert wird, die mit solchen Namen leben müssen. So werden aus den Freiheitskriegen gegen Napoleon Namen übermittelt wie Blücherliese, Yorktrine und Gneisenauette, während es später in der Frühzeit des Sozialismus die Mädchennamen Bebeline und Lassaline gegeben haben soll. Und eine deutsche Spezialität scheint elterliche Unvernunft solcher Art auch nicht zu sein, denn in Frankreich wollte ein offensichtlich tanzwütiger Vater seine Tochter kürzlich mit dem Namen Lambada ins Geburtsregister eintragen lassen!

Eine etwas mildere Art möglicher Fehlentscheidungen liegt in dem häufigen Wunsch, ein Kind mit einem Kosenamen oder mit der kindlichen Verkleinerungsform seines Namens zu beglücken. Bärbel, Gustl und Hansi mag ja freundlich und familiär klingen, aber ob man deswegen junge Menschen urkundlich für ihr ganzes Leben auf solche Kindernamen festlegen muß?

Wer allzu flapsig mit der Namensgebung verfährt, wird seinem Kind nicht gerecht. Ein Kind ist schließlich kein Haustier, dem man exotische und ausgefallene Namen „verpassen“ kann. Manche Eltern ahnen nicht, was sie ihrem Kind aus einer Laune heraus antun.

„Vor Johanni bitt' um Regen …"

Namen in alten Bauernregeln

Noch bis vor wenigen Jahrzehnten war das Jahr auf mannigfache Weise gegliedert. Da gab es die großen Feste Weihnachten, Ostern und Pfingsten mit Vorbereitungszeiten, da gab es Stationen des Brauchtums, vom Sternsingen und vom Fasching bis zu den Bräuchen um Nikolaus und im Advent. Und es gab die Vorfreude auf das, was es im Laufe des Jahres gegeben hat: Erdbeeren und Kirschen, Spargel und Spinat, neue Kartoffeln, Äpfel, Birnen und Nüsse, alles zu seiner Zeit, da es reif war und geerntet wurde. Gleichermaßen gab es besondere Leckereien zu gegebener Zeit: Ostereier, süße Hasen, Lebkuchen und Schokolade-Nikoläuse.

Solche deutlichen Zeitkonturen haben sich mehr und mehr verwischt: Der Obst- und Gemüseimport macht unseren Appetit saisonunabhängig, Osterhasen stehen schon am Fasching in den Läden, und Lebkuchen gibt's bereits im September. Selbst an die jahreszeitlich gebundenen Kinderspiele von einst, wie Kreisel, Reifen, Roller, Murmelspielen (Schusser oder Klicker), Drachen steigen lassen, kann man sich nicht mehr halten.

Nur für die bäuerliche Bevölkerung haben die Jahreszeiten noch wirklich Bedeutung, gibt es noch das Bewußtsein von einer Gliederung des Zeitablaufs, wie er einmal selbstverständlich war, als die Tage des Monats noch Namen trugen. Erhalten hat sich das Bewußtsein am deutlichsten in den Bauernregeln.
Jahrhundertelange Beobachtungen des Wetters und des Klimas haben zu einem Erfahrungswissen geführt, das nicht den meteorologischen Dienst und die täglichen Wettermeldungen ersetzen kann, aber von durchaus erstaunlicher Verläßlichkeit ist. In kurzen Zweizeilern hat sich das Wissen der Alten niedergeschlagen. Meist ist es an Kalenderdaten festgemacht, die die Namen der jeweiligen Tagesheiligen tragen. Dabei wußte man schon immer, daß jede Landschaft, je nach den klimatischen Bedingungen, eigentlich ihren eigenen Bauernkalender braucht. Deshalb gibt es auch heute noch keine gültige „Ausgabe für ganz Mitteleuropa“.

Hier in geraffter Form typische Bauernregeln für das ganze Jahr:

Januar

Wie's Wetter an Macarius (2. 1.) war,
so wird der September, trüb oder klar.
An Vincenzi (22. 1.) Sonnenschein
bringt viel Korn und Wein.

Ist an Pauli Bekehr' (25. 1.) das Wetter schön,
wird man ein gutes Frühjahr sehn;
ist's an diesem Tage schlecht,
dann kommt es spät als fauler Knecht.

Februar

Lichtmeß (Mariae Lichtmeß, 2. 2.) trüb,
ist dem Bauer lieb.
Wenn Frost ist auf St. Peters Tag (22. 2.),
folgen noch 40 Fröste nach.
Matheis (24. 2.) bricht's Eis,
hat er keins, so macht er eins.

März

Gregor (12. 3.) zeigt dem Bauern an,
daß im Feld er säen kann.
Ist es an Sankt Joseph (19. 3.) klar,
folget ein gesegnet Jahr.
Mariae Verkündigung (25. 3.)
kommen die Schwalben wiederum.

April

Wenn der Justin (14. 4.) donnert und blitzt,
wird im Kornschnitt gelacht und geschwitzt.
Sind die Reben um Georgi (24. 4.) noch blind,
erfreut sich Vater, Mutter und Kind.

Mai

Wer seine Schafe schert vor Servaz (13. 5.),
dem ist die Wolle lieber als das Schaf.

St. Urban im Sonnenschein (25. 5.),
gibt's vielen guten Wein.
Auf Petronellentag (31. 5.) Regen,
wird sich der Hafer legen.

Juni

Hat Margret (10. 6.) keinen Sonnenschein,
bringt man das Heu nicht trocken heim.
Regnet's an Barnabas (11. 6.),
schwimmen die Trauben ins Faß.
Vor Johanni (24. 6.) bitt' um Regen;
nachher kommt er ungelegen.
Ist Siebenschläfer (27. 6.) ein Regentag,
so regnet es sieben Wochen danach.

Juli

An St. Kilian (8. 7.)
säe Rüben und Wicken an!
Die erste Birn' bricht Margaret' (13. 7.),
drauf überall die Ernt' angeht.
Werfen die Ameisen am Annatag auf (26. 7.),
so folgt ein strenger Winter drauf.

August

Ist's von Petri bis Lorenzi heiß (1. – 10. 8.),
dann bleibt der Winter lange weiß.
Oswaldtag (5. 8.) muß trocken sein,
sonst wird teuer Korn und Wein.
Bartholomä (24. 8.) hat's Wetter parat
für den Herbst, bis zur Saat.

September
Wenn Ägidius (1.9.) bläst ins Horn,
heißt es: Bauer, säe dein Korn.
An Mariae Geburt (8.9.)
fliegen die Schwalben furt.
Wenn Matthäus (21.9.) weint statt lacht,
Essig aus dem Wein er macht.
Um Michaeli (29.9) in der Tat
gedeiht die beste Wintersaat.

Oktober
St. Burkardi (11.10.) Sonnenschein,
schüttet Zucker in den Wein.
St. Gall (16.10.)
treibt die Kuh in den Stall
und die Äpfel in den Korb.
Ursula (21.10.) bring's Kraut herein,
sonst schneien Simon und Juda (28.10.) drein.

November
Wer Martini (11.11.) auf dem Eise steht,
an Weihnachten im Kote geht.
St. Elisabeth (19.11.) sagt an,
was der Winter für ein Mann.
Andreasschnee (30.11.)
tut Korn und Weizen weh.

Dezember
Geht Barbara (4.12.) im Grünen,
geht's Christkind im Schnee.

Fließt an Nikolaus (6. 12.) noch der Birkensaft,
dann kriegt der Winter keine Kraft.
Ist Sankt Lazar (17. 12.) nackt und bar,
kommt ein gelinder Februar.
Haben's die Unschuldigen Kindlein kalt (28. 12.),
weicht der Frost nicht so bald.

Sieben Namen sächsisch

„Wie habt Ihr das nur mit den vielen Namen gemacht?" wurde der Sachse gefragt, der sieben Söhne hatte. „Wir sind egahl dem Alphabed nachgegangen: Dorr erschte war der Arnst, dorr zweete der Baul, dorr dridde wor dorr Cebedäus, dorr virde wor dorr Deodor, dorr fimfde dorr Edibus und dorr sexde wor dorr Fikdor. So weid, so gud! Awwr beim Siebenden, do habsch Misd gemacht – den habsch Ginder getauft, un wennch „Ginder" rufe, gommen se alle siebene!"

HEILIGE SIND FÜR ALLES GUT

Die Christen der ersten Jahrhunderte haben in den Heiligen verläßliche Vorposten im Himmel und treue Fürsprecher bei Gott gesehen. Im Laufe der Kirchengeschichte hat sich diese Vorstellung entfaltet und gelegentlich allzu bunte Blüten hervorgebracht. Das Ergebnis: Für jeden und jede, für alles und jedes, für Anliegen jeglicher Art standen im Himmel Tausende heiliger Frauen und Männer bereit als Anwälte der Erdenbürger vor Gottes Thron.
Nach den Zeugnissen von Volkskunde und Volksfrömmigkeit gibt es stattliche „Listen“ mit Schutzpatronen und Spezialisten für besondere menschliche Probleme, auf die man bei gegebenem Anlaß zurückgreifen kann. Hier einige besonders auffällige Beispiele:

Patron(in)	der Architekten	St. Thomas
	der Artillerie	St. Barbara
	der Bankbeamten	St. Matthäus
	der Bleistifthersteller	St. Thomas von Aquin
	der Bürstenbinder	St. Antonius
	der Butterhändler	St. Leonhard
	der reuigen Dirnen	St. Luzia

des Fernmeldedienstes	Erzengel Gabriel
der Feuerwehr	St. Florian
der Gepäckträger	St. Aquilin
der Holzarbeiter	St. Wolfgang
der Kaffeehäuser	St. Ambrosius
der Latrinenreiniger	St. Julius I.
der Leichenträger	St. Sebastian
der Matrosen	St. Nikolaus
der Mattenflechter	St. Paulus
der Metzger	St. Bartholomäus
der Pferdehändler	St. Eligius
der Polizisten	St. Severus
der Stewardessen	St. Bona
der Tapezierer	St. Ludwig IX.
der Übersetzer	St. Hieronymus
der Uhrmacher	St. Petrus
der Zuckerbäcker	St. Matthias

Bewährte Helfer	bei Ameisenplage	St. Saturnin
	bei Augenkrankheiten	St. Hemma
	in aussichtslosen Anliegen	St. Rita
	bei Bettnässen	St. Vitus
	gegen Blitzschlag	St. Scholastica
	bei Brandverletzungen	St. Laurentius
	bei Durchfall	St. Germanus
	in Examensnöten	St. Rita (vgl. Aussichtsloses)

in Familienstreitereien	St. Rosa
bei Grind und Krätze	St. Radegunde
bei Kolik	St. Liborius
bei Mäuseplage	St. Gertrud
bei Nierensteinen	St. Benedikt
bei Pest	St. Sebastian, Rochus und Carl Borromäus
bei Rotlauf	St. Castulus
bei Stechmückenplage	St. Narzissus
gegen Würmer	St. Magnus
bei Zahnweh	St. Apollonia

Wer sich in den Lebensgeschichten und Legenden der Heiligen einigermaßen auskennt, wird bestätigen können, daß die Zuordnungen nicht einmal willkürlich und ohne Grund gewählt sind. Man denke nur an Laurentius, der als Märtyrer auf glühendem Eisenrost gestorben ist, oder an Carl Borromäus, der als Kardinal und Erzbischof von Mailand eigenhändig die Pestkranken seiner Stadt gepflegt hat. Ähnlich klar liegen die Dinge bei dem ehemaligen Zöllner und Geldeinnehmer Matthäus sowie bei Hieronymus, dem Bibelübersetzer.
Welche besondere Beziehung St. Narzissus allerdings zu den lästigen Stechmücken gehabt hat, das könnte nur durch intensivere Studien zutage gebracht werden.

Von Schwester Nivea und einem Brief aus Rom

Seit jeher haben die altehrwürdigen Namen der Heiligen wegen ihres fremdartigen Klanges auch für mancherlei Spaß herhalten müssen. Niemand weiß das besser als fromme Schwestern und Patres geistlicher Genossenschaften und Orden, von denen man gelegentlich behauptet, ihre Anzahl entziehe sich sogar der Allwissenheit Gottes.
So haben sich ohne Minderung der Wertschätzung fromme Spaßvögel darangemacht, nicht etwa nur ausgefallene Ordensnamen zu sammeln, sondern neue zu erfinden wie:

Schwester Sigella	die Glänzende
Schwester Nivea	die Vercremte (Vergrämte)
Schwester Veranda	die Aussichtsreiche
Schwester Sanella	die Feine
Schwester Constructa	die Vollautomatische
Schwester Velveta	die Vollfette
Pater Zervelatius	der Luftgetrocknete
Pater Abundantius	der Überflüssige
Pater Ignotus	der Unbekannte
Pater Bullrich	der Salzige
Pater Dunlop	der Aufgeblasene
Pater Radarius	der Überwachte.

Man erkennt unschwer, daß der Kreativität hier kaum Grenzen gesetzt sind, im Gegenteil:

Die Erfahrung lehrt, daß selbst seriöse Menschen der Versuchung kaum widerstehen können, solche Spiele auszureizen. Als Beleg dafür muß an dieser Stelle eine Geschichte erzählt werden, die sich noch zu unser aller Lebzeiten zugetragen hat.

Es war einmal - und diese Formulierung eröffnet diesmal durchaus kein Märchen - ein Professor. Er lehrte an einer namhaften Akademie für bildende Künste in Süddeutschland und war auch sonst nicht ohne Humor. Der nun erfand im Angesicht der unendlichen Zahl von Heiligen einen neuen, weil es ja auf einen mehr oder weniger schon nicht mehr ankommt.

Aus einer nicht mehr ganz nachzuvollziehenden Laune ließ er San Cucino (vgl. ital. cucina = Küche) ins Licht der Welt treten. Der Name deutet also auf kulinarische Begabungen hin, und so wurde er auch dargestellt mit Kochlöffel und Weinglas. In seiner Kutte steht er neben dem Herd, auf dem ein erkennbar angeheizter Topf der erfinderischen Kochkunst des heiligen Mannes harrt.

Nach und nach wuchs dem neuen Heiligen eine ganze Lebensgeschichte zu, die sich in etwa so zusammenfassen läßt:

Geboren am 14. Juli 1411 als Domenico Pentola. Vater Bruno war Weinbauer. Kochen gelernt bei Mama Prisca. Mit 17 Eintritt in das kleine Kloster „Alle herbe" („Zu den Kräutern") bei Ponte Piave. Seine Mitbrüder pflegten zu sagen: „Er predigt mit dem Kochlöffel!" Erfolgreiches Probekochen vor

Papst Famixtus III., sollte am päpstlichen Hofe verbleiben. Dennoch Rückkehr auf eigenen Wunsch, Jubel bei den Mitbrüdern und allen dortigen Gläubigen. Fra Cucino, wie man ihn zu Rom genannt hatte, starb am 26.9.1495, am Tag der Hl. Cosmas und Damian. Heiligsprechung nach einem Jahr durch Papst Setus I.

Nur wenige ausgewählte Persönlichkeiten sind inzwischen in das Patronat von San Cucino aufgenommen und mit seinem Konterfei beschenkt worden, und schließlich legte man auch seinen offiziellen Festtag fest, natürlich auf seinen Sterbetag, den 26. September; - was wäre auch ein Heiliger ohne Namenstag!

Und wie es so geht, sobald ein solches Geschöpf freundlicher Phantasie einmal in der Welt ist, nimmt sein virtuelles Leben auch in der Gegenwart seinen Lauf. In diesem Falle ritt den künstlerischen Vater San Cucinos die Neugierde. Er schrieb einen Brief an den Vatikan und fragte höflich an, ob man ihm dortselbst nähere Auskunft erteilen könne über San Cucino, einen Heiligen, der ihm kürzlich auf eigenartige Weise über den Weg gelaufen sei.

Zwei Wochen später, Datum vom 25. März 1994, erreichte den Professor ein Schreiben der *Congregazione delle Cause dei Santi*, Rom.

Ein Titular-Erzbischof teilte ihm darin als Sekretär jener Kongregation mit, er habe leider weder im 12bändigen Werk „Bibliotheca Sanctorum" noch in verschiedenen Martyrologien der Kirche und di-

verser Ordensgemeinschaften den heiligen Cucino ausfindig machen können. Nicht einmal in den „Acta Sanctorum", dem mehrbändigen Werk eines Paters aus Brüssel, sei man fündig geworden.
Der Brief schloß mit der hoffnungsvollen Ermunterung: „Wenn Sie vielleicht irgendeine zusätzliche Information verfügbar hätten, so wäre die Möglichkeit nicht auszuschließen, eine solche Gestalt zu identifizieren und das eine oder andere biographische Detail über ihn zu finden." – Es folgen freundliche Grüße und Unterschrift.
Es bleibt offen, ob man im Vatikan, wo selbst Nichtitaliener italienisch sprechen, auf den so offenkundigen Spaß hereingefallen ist oder ob dem Herrn Titularerzbischof doch gelinde Zweifel gekommen sind ...

Bei der Rückkehr aus Italien

Sagt mal, seid Ihr über den Sankt Gotthard gefahren? – Also, warte mal, überfahren haben wir einen, aber wir konnten doch nicht wissen, daß es ein Heiliger ist.

☞ 105

Ilse Bilse, niemand will se …

Namen in Kinderreimen

Ob in der Schweiz oder in Österreich, in Westfalen, im Hessischen, im Pfälzischen, im Sächsischen oder im Bayerischen: mit Namen spielen, das kennt man in allen Gegenden des deutschen Sprachraumes. Das Ergebnis findet sich vor allem in Kinderreimen wieder. Wie und wann die entstanden sind, ist schwer zu sagen. Ehe sie aufgeschrieben wurden, mögen sie über Jahrhunderte von Mund zu Mund gegangen sein, von Eltern zu Kindern, vor allem auch von den Großeltern zu den Enkeln, die ja oft auf deren Schoß abgeliefert wurden, damit die Eltern ihrer Arbeit nachgehen konnten. Und natürlich haben Geschwister und Altersgenossen einander die kessen Sprüche beigebracht.

Namensreime dürften bei Kindern schon deshalb so beliebt sein, weil man sie einander nachrufen, sich mit ihnen foppen und verspotten kann. Und natürlich lassen sich diese deftigen, derben und nonsens-haltigen Verse ja viel leichter auswendig lernen als alle Gedichte aus dem Lesebuch!

Hier einige Beispiele aus verschiedenen Sprachlandschaften:

Reserl, Brotbeserl,
wo warst denn so lang?
Im Himmel sechs Wocha.
Der Josef tuat kocha,
d' Maria tuat spinna,
die Engerl tuan singa, juchhe!

Mi Schatz isch vom Adel,
heißt Annemarie,
hat guldige Wadel
und silbrige Knie.

Chasper, Melcher, Balzer
sind drü Suppesalzer.

Hermann, slag Lärm an,
slag Pipen, slag Trummen,
der Kaiser will kummen
mit Spießen und Stangen,
will alle uphangen.

Luschtig is mi Elsi,
wenn i säg, i well sie.
Wenn i säg, i well sie nit,
gohts is Bett und chüßt mi nit.

Jakob hat kein Brot im Haus,
Jakob macht sich gar nichts draus,
Jakob hin, Jakob her,
Jakob ist ein Zottelbär.

☞ 107

Herr Schmidt, Herr Schmidt,
was kriegt die Jule mit?
Ein Schleier und ein Federhut,
das steht der Jule gar zu gut.

Jan, spann an,
drei Katzen voran,
drei Mäuse vorauf.
Jan oben drauf,
den Blocksberg hinauf.

Wenn mein Kathrin nich tanzen will,
dann weet ik, wat ik do,
dann stopp ik se in Hawersack
und bind in oben to.

Hannes, Hannes Butterbrot
schläht sei Weib mit Lumpe dot.

Lott is dot, Lott is dot,
Jule liggt in Starben.
Dat is got, dat is got,
kriegt wi wat to arben!

Die Dorothee, die Dorothee
mit ihrem stumpfen Fuß
ist sieben Jahr im Himmel gwest,
hat wieder raus gemußt.
Ist das nicht ein Deibelsweib,
daß se nicht im Himmel bleibt?

Hans, mein Sohn, was machst du da?
Vater, ich studiere.
Hans, mein Sohn, das kannst du nicht!
Vater, ich probiere.

Gretel, Pastetel,
was machen die Gäns?
Sie sitzen im Wasser
und waschen die Schwänz.

Robinson, Robinson,
fuhr in einem Luftballon
in die Höh, in die Höh
mit der Jungfer Salome.

Der Peter und der Paul,
die handeln um ein Gaul.
Da nimmt der Peter 's Wagenbrett
und haut dem Paul den Kopf hinweg.

Ilse Bilse,
niemand will se.
Kam der Koch,
nahm sie doch,
steckt sie in das Ofenloch.

Jakob,
du Wakob,
du Rudikatakob,
du rudikatulikatholischer Jakob!

☞ 109

Lieschen, hast' es Bett gemacht?
Nein, ich hab's vergesse,
hab die liebe lange Nacht
bei meim Schatz gesesse.

Annchen, Dannchen, Dittchen, Dattchen,
teber de beber de bittchen battchen,
teber de beber de bu, und ab bist du.

Meine Schwester, die Gertrude,
hat 'ne Selterswasserbude.

Un wenn Helen nich tanzen kann,
denn hett se scheewe Been.
Denn treck ik eh den Slaprock an,
denn is dat nich to sehn.

Vati, kannst Du mir sagen, wer Napoleon war? Schau gefälligst selber nach! Rechts oben im Bücherregal steht die Bibel ...

Schiller, Spitzweg, Fürst und Teufel

Wo kommen unsere Zunamen her?

Wenn Ihnen jemand erzählt, der berühmte griechische Philosoph des fünften Jahrhunderts vor Christus habe mit Vornamen Aristokles und mit Familiennamen Platon geheißen, glauben Sie ihm nicht! – Und doch hätte diese Behauptung eine Spur von Richtigkeit, aber darauf werden wir noch zurückkommen ...

Wann hat überhaupt die Sache mit den Familiennamen angefangen? Ganz einfach, als man mit den Personennamen oder Taufnamen nicht mehr auskam. Das schafft man bis auf den heutigen Tag nur in den Herrscherhäusern. Könige und Königinnen kommen noch immer mit ihren Vornamen aus, und niemand wird Königin Elisabeth von England nach ihrem Zunamen fragen.

„Gewöhnliche" Menschen aber sind über die Jahrhunderte hin immer zahlreicher geworden. Und während in der Familie, unter Freunden, Nachbarn und Arbeitskollegen die Rufnamen bisher ausgereicht hatten, konnte man in den größer gewordenen Dörfern und Städten bald die vielen, die gleichfalls Hans oder Martin oder Nikolaus hießen, nicht mehr voneinander unterscheiden. Das war im deutschen Sprachgebiet grob gesagt im 13. Jahrhundert. Und so bekam bald der Taufname die Bezeichnung Vorname, dem wurde ein Zuname angefügt. Das hatte freilich nicht nur den praktischen Grund, die vielen Ottos und Ludwigs besser auseinanderhalten zu können; auch die Entwicklung des Wirtschaftslebens und des Rechtswesens verlangte für Buchführung und Urkunden schriftlich fixierbare Möglichkeiten zur Identifikation einzelner Personen und ihrer Angehörigen.

Aus eben diesem Grund hatten die Adeligen bereits früher zu ihren Namen den ihrer Burg oder ihres Lehensbesitzes hinzugefügt. Daher das adelige „von", z. B. Heinrich von (der) Blankenburg. Und weil nun einfache Bürger auch solche Zu-Namen führen konnten, förderte auch der Stolz die allgemeine Einführung der Familiennamen und ihre Vererbung auf die nächsten Generationen.

Bis zu Beginn des 16. Jahrhunderts hatten sich die Familiennamen im wesentlichen durchgesetzt, zuletzt im Norden Deutschlands. Eine Ausnahme machten allerdings die Friesen; sie begnügten sich größtenteils bis zum 19. Jahrhundert damit, dem eigenen Taufnamen den Namen des Vaters anzufügen, und zwar in einer Form, die besagte: „des Peters Sohn". Diesen und ähnliche „Vatersnamen" findet man heute auch noch in allen skandinavischen Ländern: Jan Peterso(h)n oder Jan Petersen ...

Wo aber bekam man sonst einen neuen Familiennamen her, wenn man bislang nur Heinrich hieß? Im wesentlichen aus vier Quellen: aus der geographischen Herkunft, aus persönlichen Merkmalen, aus den Berufsbezeichnungen und indem man frühere Taufnamen zu Familiennamen machte.
Die beiden ersten Möglichkeiten benützen Kinder heute noch, um sich gegenseitig zu kennzeichnen: Einen Feriengast im Dorf nennen einheimische Kinder, denen es zu mühsam ist, sich seinen Familiennamen zu merken, nach dessen Herkunft den „Bamberger" oder den „Kölner". So entstanden auch die Familiennamen als Herkunftsnamen. Da gab es den Westphal, den Heß, den Schwab und den Franken. Dann gab es Herkunftsnamen, die sich auf Landschaftsformen bezogen wie in Bayern etwa auf Moorgebiete, auch Moos oder Ried genannt: Moser und Westenrieder. Und natürlich die Namen nach den Dörfern, aus denen Zugezogene stammten. Von der Herkunft leitet sich übrigens auch der keineswegs adelige Name Ludwig van Beethoven ab; er meint den Ludwig, der vom Rübenhof oder vom Rübengarten kommt.
Zu den Herkunftsnamen zählen auch die Hofnamen, zum Beispiel Wachenhusen und Brockhaus. In vielen ländlichen Gebieten tragen heute noch Höfe ihre eigenen Namen, unabhängig vom Familiennamen der Besitzer oder Pächter. Diese Hofnamen werden häufig auf die dort Wohnenden übertragen. Deshalb kommen Ortsansässige nicht sel-

ten in Verlegenheit, wenn sie die wirklichen Namen der Familien auf dem Bachkramerhof oder auf dem Mesnerhof nennen sollen (vgl. S. 53 unten).

Wenn zwei Kinder den gleichen Vornamen haben, dann unterscheiden die Altersgenossen nach Merkmalen oder Eigenschaften. Auf die gleiche Weise entstanden Familiennamen wie Mager, Kurz und Lang. Kinder charakterisieren einander aber auch sehr direkt mit Spitznamen: der Scheel (Schielende) oder der Rot(haarige). Unsere Vorfahren haben das nicht anders gemacht. So wurden Spitznamen zu Familiennamen, und Schiller hieß ursprünglich Schieler. Dann gab es aber auch den Schimmelpfennig (für den Geizigen), den Zänker und den Trütschler (den Langsamen). Zu den Merkmalen, aus denen durch Spott oder Anerkennung Zunamen wurden, ist auch die Kleidung samt ihren Moden zu zählen: Rotärmel, Bundschuh, Gelhose, Seidenschwanz ...

Hierher gehört auch der eingangs erwähnte Platon, der ursprünglich tatsächlich Aristokles geheißen hat. Aber irgendwann muß sein Gymnastiklehrer ihm den Spitznamen Platon (der Breite) gegeben haben – vielleicht waren es auch seine Mitschüler –, und schon hatte er für die Geschichte seinen „Zunamen"!

Die dritte Quelle, aus der sich deutsche Familiennamen herleiten, sind die Berufs- und Amtsbezeichnungen. Wenn man weiß, daß es neben den Schultheißen und Schulzen, den Müllern und Bäckern,

den Schneidern und Webern allein 50 verschiedene Schmiedeberufe gegeben hat - Gold-, Kupfer-, Grob-, Huf- und Nagelschmiede ... -, bekommt man eine Vorstellung vom zahlenmäßigen Umfang dieser Namensgruppe.
Und zu vielen Berufen gibt es etliche Untergruppen wie bei den Metzgern die Fleischer, Schlachter, Metzler, Knochenhauer oder Selcher, dazu noch die landschaftlichen Abwandlungen und nicht zuletzt die Spottnamen für jeden Beruf. Da war der Bäcker der Striezel oder der Spitzweg (Weg oder Weck ist im Hessischen das Brötchen), der Bierbrauer hieß Biersack oder Dünnbier, der Fischhändler Hering, der Pfarrer Weyrauch und der Küster Löschhorn.
Die letzte der wichtigsten Namensgruppen ist die der alten Vornamen, die einfach übernommen und beibehalten worden sind. Zunächst also einfache Namen wie Heinrich, Karl, Dietrich, Werner, Ludwig und Hermann; interessanterweise haben sich in diesen Familiennamen altdeutsche Rufnamen besonders gut erhalten. 400 sollen es insgesamt sein, wenn man alle mitrechnet, die für den Laien nicht ohne weiteres als alte Vornamen zu erkennen sind. Arndt gehört hierher als Kurzform von Arnold, Einhard stammt von Eginhart, Emerich von Amalrich, Ott und Ötli sind Kurzformen von Otto, Reichard kommt von Richard, Tillmann ist eine Verkleinerung von Till (Dietrich), und Wülfing ist der Vatersname zu Wolf, d. h. Sohn des Wolfes.

Mit diesem letzten Beispiel sind wir bei den Namen angelangt, die im Zusammenhang mit den Friesen schon erwähnt wurden. Da gibt es den Vatersnamen als lateinischen Genitiv wie Petri oder Pauli. Das heißt des Peters Sohn oder Sohn des Paul. Im Rheinland wurde das angehängte -s zu einem -z. Dort ist der Sohn von Leonhard der Lennartz und der Sohn von Lambert der Lampertz. Anders ging es im Westfälischen zu, dort wurden die Patronymika auf -ing gebildet, – wie soeben Wülfing –, Humperding und Gödeking, oder seit dem 16. Jahrhundert auch mit der Anhangsilbe -ker. Dann gab es neben dem Gödeking auch den Gödeker.

Daß es Vatersnamen nicht nur bei uns gibt und in nordischen Ländern, beweist ein Blick nach Rußland: Pjotr Iwanowitsch bedeutet: Pjotr, der Sohn des Iwan; Michail Sergejewitsch ist Michail, der Sohn des Sergej. So redet man sich noch heute in Rußland mit dem Taufnamen und dem Vatersnamen an. Bei den Töchtern wird der Vatersname mit der angehängten Silbe -owna gebildet: Jelena Iwanowna (Jelena, Tochter des Iwan).

Ähnlich wie bei uns verlief die Entwicklung in Spanien: Die Endung -ez in spanischen Familiennamen kennzeichnet nämlich ursprünglich ebenfalls einen Vatersnamen. So heißt Rodriguez eigentlich Sohn des Rodrigo, wie Fernandez Sohn des Fernando bedeutet. Irgendwann blieb der Vatersname in einer Generation stehen und ist zum nicht mehr veränderten Familiennamen geworden.

Letzte Frage zu diesem Kapitel: Woher kommen so merkwürdige Familiennamen wie Teufel, König, Fürst oder Engel? Auch hier liegt ein Vergleich mit der Art nahe, wie Kinder sich - zumindest auf Zeit - Namen geben. Wer bei einem Schulspiel einmal auf der Bühne eine eindrucksvolle Rolle überzeugend verkörpert hat, kann unter Freunden diese Rollenbezeichnung über Jahre als anerkennenden Übernamen behalten. So stammen auch viele der oben genannten Namen aus den im Mittelalter beliebten Passions- und Mysterienspielen, wie sie an Feiertagen vor Kirchen und Domen aufgeführt worden sind - samt dem umfangreichen Personal von Himmel und Hölle!

Auch Lokale haben einen Namen, selbst in Leipzig

„Also horche, mir dräffn uns morchn um fimfe im ‚Gonndscherdo'." - „Das ist doch das hübsche Café in der Passage?" - „Nee, das heeßd ‚Gabudschieno'." - „Dann meinst Du die Tagesbar im Parkhotel?" - „Nee, die heeßd doch ‚Gabridschio'." - „Weißt Du was, wir treffen uns lieber in Auerbachs Keller!"

Die guten Bekannten

Ein Mensch begegnet einem zweiten.
Sie wechseln Förm- und Herzlichkeiten,
Sie zeigen Wiedersehensglück
Und gehn zusammen gar ein Stück.
Und während sie die Stadt durchwandern,
Sucht einer heimlich von dem andern
Mit ungeheurer Hinterlist
Herauszubringen, wer er ist.
Daß sie sich kennen, das steht fest,
Doch äußerst dunkel bleibt der Rest.
Das Wo und Wann, das Wie und Wer,
Das wissen alle zwei nicht mehr.
Doch sind sie, als sie sich nun trennen,
Zu feig, die Wahrheit zu bekennen.
Sie freu'n sich, daß sie sich getroffen;
Jedoch im Herzen beide hoffen,
Indes sie ihren Abschied segnen,
Einander nie mehr zu begegnen.

Eugen Roth

Wenn erst einmal der Name stimmt

Otfried Preußler erzählt aus der Namenswerkstatt

Wer eines Menschen richtigen Namen weiß, kann geheime Macht über ihn gewinnen und ausüben. Das ist eine magische Binsenweisheit. Nicht um-

sonst fürchtet das Rumpelstilzchen die Preisgabe seines Namens. Nicht von ungefähr bleibt Rübezahls wahrer Name sein wohlgehütetes Geheimnis. Mit Zetteln, auf die man den Namen der Liebsten, den Namen des Feindes schreibt, läßt sich allerhand Zauber treiben, er sei gut oder böse ... Name und Person, alle Magier wissen es, stehen miteinander in einem schwer durchschaubaren, aber unauflöslichen Zusammenhang.
Dies habe ich auch beim Geschichtenerzählen erlebt, und ich erlebe das immer wieder. Die richtige Wahl des Namens für die Hauptperson und deren Widersacher spielt eine große, man darf ruhig sagen: eine entscheidende Rolle. Für jeden von ihnen muß ich den richtigen Namen wissen, erst dann kann ich anfangen zu erzählen. Der Name spricht und wirkt für sich selbst. Ihn zu wissen und zu verwenden, enthebt mich in aller Regel sogar der Mühe, seinen Träger umständlich zu beschreiben. Anders gesagt: die Personen in meinen Geschichten, gute wie böse, beginnen erst dann ihr leibhaftiges Leben zu leben, wenn beides zusammenpaßt, meine Vorstellung von ihnen und der ihnen eigene Name. Ehe diese Voraussetzung nicht gegeben ist, brauche ich mit dem Erzählen gar nicht erst anzufangen.
Manchmal sucht sich ein vorgegebener Name die ihm entsprechende Gestalt, dies ist bei Krabat der Fall gewesen. Und manchmal ... sehe ich mich der schwierigen Aufgabe gegenüber, einer bestimmten

Gestalt den einzigen ihr gemäßen, mir vorerst noch verborgenen Namen zu suchen. Als Beispiel dafür sei auf jenen Räuber verwiesen, von dem anfangs bloß soviel feststand, daß er in der Geschichte von Großmutters geraubter Kaffeemühle als Gegenspieler von Kasperl und Seppel auftreten sollte.

Was immer ein richtiger Räuber in einer Kasperlgeschichte zur ordnungsgemäßen Ausübung seines Berufes benötigt, war längst vorhanden. Von der Räuberhöhle bis zur Pfefferpistole, von den sieben Messern im Gürtel bis zu der Tatsache, daß alle Leute entsetzliche Angst vor ihm hatten, sogar der Herr Wachtmeister Dimpfelmoser, der immerhin von der Polizei war. Das einzige, was meinem Räuber vorerst noch fehlte, waren elf Buchstaben, wie ich heute weiß. Die elf Buchstaben seines wahren Namens, der sich mir lange Zeit nicht enthüllen wollte. Das soll ja vorkommen.

Aus solcher Lage gibt es nur einen Ausweg. Will der einzig mögliche Name sich nicht von selber einstellen, muß man eben versuchen, ihn aufzuspüren. Das kann langwierig sein, aber man darf nicht aufgeben. Ich habe mir also eine lange Liste denkbarer Räubernamen angelegt von Pistolinski und Pistolatzki bis zum Räuber Hetschepetsch. Der Räuber Schmirgel, der Herr Raubmörder Kögler, der Räuber Karasek – allerlei Namen, die mir aus den Kalendergeschichten meiner Kinderzeit in Erinnerung geblieben waren, stellten sich wieder ein. Sie aufschreiben hieß sie verwerfen. Keiner von ihnen taugte für diesen einen, diesen ganz bestimmten Räuber, den ich längst deutlich vor Augen hatte. Nicht eigentlich als Bösewicht, vor dem man sich fürchten mußte. Mehr als Polterer, dumm und pfiffig zugleich. Ein augenzwinkerndes Großmaul, das zwar Polizisten in Angst und Schrecken versetzt, nicht aber meine Freunde Kasperl und Seppel. Und schon gar nicht die Kinder, denen ich die Geschichte erzählen wollte.

So bin ich samt meiner Liste lange im Dunkeln herumgetappt. Bis sich dann, wie von selbst, eines Tages der Name Hotzenplotz einstellte. Hotzenplotz – paßte er nicht wie der Räuberhut auf den struppigen Räuberschädel? Natürlich, das war der Name für meinen Räuber, er ist es von jeher gewesen! Er und kein anderer. Unverständlich, daß ich so lange danach hatte suchen müssen ...

Natürlich wußte ich, noch von meiner deutschböhmischen Schulzeit her, daß es drüben in Mährisch-Schlesien eine kleine Stadt gab, die diesen kuriosen Namen trug. Und ein Flüßchen auch. Na und, was verschlug's? Warum sollte mein Räuber nicht auch so heißen?

Es hat sich herausgestellt, daß ich anscheinend in der Tat seinen einzig richtigen, seinen geheimen

Namen erraten hatte. Erraten? Er war mir zugefallen, es läßt sich nicht anders sagen ... Und daß es der einzig wahre, der wirkliche Name gewesen ist, sollte sich bald erweisen. Von jetzt an ist nämlich alles sehr schnell gegangen. Mein Räuber, der Räuber Hotzenplotz war unwiderruflich zum Leben erwacht. Und zu was für einem! Nicht nur das Schreiben hat plötzlich Spaß gemacht, weil die Geschichte nun wie von selber dahingelaufen ist. Auch in jeder anderen Hinsicht hat sich der Herr Hotzenplotz als vitaler Bursche erwiesen. Keine andere Gestalt aus meinen Büchern hat gleich im ersten Anlauf so viele Leser erreicht. Keine andere ist so rasch zum Begriff geworden. Nicht nur bei den Kindern.

Was Abraham a Santa Clara mit Mark Twains Vater gemeinsam hat

Über den guten Namen

Schon mehrfach ist darauf hingewiesen worden, wie eng die Beziehung zwischen dem Menschen und seinem Namen ist, daß der Name sogar für die ganze Person steht, für ihr Wesen. Das wird nirgends so deutlich wie in dem Begriff vom „guten Namen". Wem ein „guter Name" nachgesagt wird, dessen Eltern hatten nicht etwa eine besonders glückliche Hand bei der Namenswahl, vielmehr gilt er selbst als ehrlich, ehrbar und verläßlich – als untadelig und lobenswert. – Bei dem berühmten Wiener Hofprediger Abraham a Santa Clara heißt es dazu:

„Der gute Name ist ein Garten, worin nichts
anderes wächst als Augentrost;
ein Kalender, worin nichts anderes gelesen wird
als dominica laetare (Sonntag Laetare, Freuet
Euch);
ein Lämmel, das nichts anderes trägt als Wolle;
eine Schildwache, welche die Antwort
bekommt: Gut' Freund,
und dann eine Hochzeit, allwo das Herz
vor Freuden tanzet."

Diesen „guten Namen" kann man verlieren, deshalb muß man ihn in acht nehmen! Schiller schreibt in „Maria Stuart": „Ein hohes Kleinod ist der gute Name." Und der Volksmund hat eine ganze Reihe von Sprichwörtern und Redensarten parat, die das gleiche ausdrücken:

- Ein guter Nam' ist eine Macht,
  er leuchtet selbst in dunkler Nacht.
- Ein guter Name
  ist besser als bares Geld.
- Der Name eines großen Mannes
  ist sein schönster Orden!

Da geht es nicht um Vornamen und Familiennamen, sondern um den Charakter; „guter Name“ im Sinne von „guter Ruf“. Um eben den geht es auch in der Anekdote, die Mark Twain aus seiner Lausbubenzeit erzählt:

„In unserer Schule war es strengstens verboten, die Pulte mit Taschenmessern zu bearbeiten. Die angedrohte Strafe war entsprechend: entweder fünf Dollar oder, wenn die nicht beigebracht werden konnten, öffentliche Prügel.

Eines Tages war ich dran und mußte meinem Vater beichten! Er sagte vorwurfsvoll: „Ich kann unseren Namen nicht schänden, indem ich Dich dieser öffentlichen Schaustellung preisgebe. Also werde ich bezahlen. Damit Du aber nicht zu kurz kommst, komm einmal mit in mein Zimmer!“ – Hier vollzog sich nun die irdische Gerechtigkeit an einem meiner Körperteile.

Als ich die Treppe hinunterging, fühlte ich mich abgehärtet und ließ mir meine Lage durch den Kopf gehen. Hatte ich diese körperliche Züchtigung überstanden, so würde wohl auch die andere zu ertragen sein, so dachte ich und beschloß, mich zur Prügelstrafe in der Schule zu stellen und dafür die fünf Dollar zu behalten. – So habe ich mein erstes Geld verdient!“

Von Päpsten, Künstlern und Ganoven

Oder: die ihre Namen verleugnen

Fangen wir bei den Ganoven an: Warum sie ihre Namen verleugnen, liegt auf der Hand. Wer wird sich denn so leicht finden und fangen lassen wollen, daß die Polizei nur ins Telefonbuch zu schauen braucht ...? Daher kommen die Tarnnamen, die in Polizeimeldungen meist mit dem Zusatz „alias“ versehen werden. Das heißt soviel wie „nennt sich auch: ...“, zum Beispiel: Walter Raub, alias Julius Schenk. Tarnnamen kommen allerdings auch anderswo vor, so bei Idealisten, Freiheitskämpfern und Revolutionären oder bei Spionen und Agenten: Lenin, Trotzki und Stalin – alles Tarnnamen! Besagte Herrn hießen eigentlich Uljanow, Bronstein und Dschugaschwili.

Ein ähnliches Motiv wie politische Aktivisten, die sich Decknamen zulegten, hatten gelegentlich auch Dichter und Schriftsteller. Je hitziger ihr jugendlicher Geist, je aggressiver ihre Stellungnahmen zu Problemen ihrer Zeit, desto dringlicher wurde für sie die Frage des Schutzes – entweder in der Anonymität oder unter einem oder mehreren Decknamen. „Pseudo“ heißt im Griechischen soviel wie

Täuschung, und „Onyma“ ist der Name. Daher also die Bezeichnung „Pseudonym“ für Namen, die ablenken und irreführen. In Deutschland allerdings wurden selbst in unruhigen Zeiten Pseudonyme sehr viel seltener benutzt als bei politischen Literaten in Frankreich oder England. 160 Pseudonyme glaubt man allein von Voltaire zu kennen, wobei „Voltaire“ bereits ein Pseudonym darstellt, denn dieser Herr hieß eigentlich François-Marie Arouet! In England brachten es der spätere Autor von „Robinson Crusoe“, Daniel Defoe, und Jonathan Swift auch auf eine stattliche Anzahl von Decknamen für ihre Streitschriften.

Nun ist allerdings die Tarnung nicht das einzige Motiv, das Schriftsteller und Künstler nach Pseudonymen greifen läßt. Da gibt es den Wunsch, sich von anderen gleichen Namens zu unterscheiden, und es gibt die Doppeltbegabten, die wie Peter Bamm den eigentlichen Beruf von der Schriftstellerei trennen möchten. Peter Bamm war nämlich ein Dr. med. mit Namen Curt Emmerich. Dann spielt auch die (vermeintliche) Werbewirksamkeit eines Namens eine wichtige Rolle. Wer wie der ehemals berühmte Filmschauspieler Theo Lingen von Hause aus Franz Theodor Schmitz heißt, sucht sich etwas Griffigeres, und sei es, wie in diesem Falle, den Ortsnamen seines ersten Bühnenengagements. Lovisa Gustafsson fand, als Greta Garbo könne sie erfolgreicher sein. Insgesamt dürfte die Zahl der Gründe für Pseudonyme Legion sein. Sie

reichen von purer Bescheidenheit und Selbstironie bis zur blanken Eitelkeit oder zum Versuch, das Finanzamt irrezuführen.
Eine gewisse Eitelkeit ist ja wohl auch den Humanisten nicht abzusprechen, die ihre „Gelahrtheit" durch lateinische oder griechische Übersetzungen des deutschen Familiennamens zu erkennen gaben, nach dem Motto: „Etwas Latein ziert den Mann." So wurde aus dem Michael Schultheiß der Michael Praetorius, aus Andreas Greif der Andreas Gryphius, aus Neumann Neander und aus Schwarzerd Melanchthon. Freilich gab es auch lateinische Namen, die keine Übersetzungen darstellten. So nannte sich ein gewisser Johann Scheffler im 17. Jahrhundert Angelus Silesius, zu deutsch: „Schlesischer Bote". Solche Namen sagen etwas darüber aus, worin der Betreffende seine Bestimmung sieht. Sprechende Namen könnte man sie nennen, so auch im Falle des Tizian-Schülers „Tintoretto", der eigentlich Jacopo Robusti hieß und sich bescheiden „der kleine Färber" nannte.
Hier noch ein paar Künstlernamen aus unserem Sprachgebiet und Näheres über das Pseudonym von Mark Twain, ehe wir uns einer anderen Kategorie von Namensänderungen zuwenden: Joachim Ringelnatz hieß eigentlich Hans Bötticher, Max Reinhard ursprünglich Max Goldmann, Hans Moser hieß Jean Juliet und ehrte durch den Künstlernamen seinen Schauspiellehrer Joseph Moser. Karl Valentin, der berühmte Münchner Komiker, hieß

Valentin Ludwig Fey und überredete seine Partnerin Elisabeth Wellano, sich Liesl Karlstadt zu nennen, mit dem Argument: „Mit so einem Namen (Wellano) kannst' es höchstens zur Soubrette bringen!" Und mit dem berühmten Mark Twain verhält es sich so: Samuel Langhorne Clemens, geboren 1835 in dem Dorfe Florida im Staate Missouri, war über eine Druckerlehre zur journalistischen Arbeit gekommen. Zwischenzeitlich erwarb er 1860 das Diplom eines Lotsen auf dem Mississippi. Als er 1862/63 wieder zur Zeitung ging, zeichnete er seine Veröffentlichungen mit dem Ruf des Grundloters auf dem Mississippi, mit dem der seinen Steuermann über Untiefen in der Fahrrinne auf dem laufenden hielt: „Mark Twain". Das bedeutete „zwei Faden" = zwölf Fuß. – Der Journalist als Ausloter des „Untergrunds" politischer Vorgänge!?

Nicht jede Namensänderung ist ein „Pseudonym", denn diese Bezeichnung gilt nur für Namen, durch die eine Täuschung beabsichtigt wird. Das aber ist von Ehepartnern, die den Namen des Mannes oder der Frau annehmen, so wenig zu behaupten wie von einer Ordensschwester oder dem Papst. Warum ändern dann unbescholtene Menschen ihre Namen?

Im Falle der Heirat: zum Zeichen der Gemeinsamkeit, aus der eine neue Familie werden soll. Bei Nonnen und Mönchen, Schwestern und Patres markiert der neue Name den Beginn eines neuen Lebens. Der alte Name gehörte in die Herkunftsfa-

milie, der neue wird zum Geschwisternamen der Ordensfamilie.
Von daher fällt es nicht schwer, auch für den Papst Verständnis aufzubringen, wenn er sein Amt nicht unter bürgerlichem Namen führt. Er ordnet seiner neuen Verantwortung seine ganze bisherige Existenz unter. Da ist es auch kein Zufall, daß alle Päpste die Namen von Heiligen angenommen haben. Sie begeben sich damit in die Kontinuität der Kirche und ihrer Geschichte und versichern sich gleichzeitig der besonderen Fürsprache derer, die das Ziel christlicher Lebenspilgerschaft schon erreicht haben. Daß bei der Namenswahl eines Papstes Spielraum für persönliche Akzentuierungen bleibt, quasi für indirekte programmatische Aussagen, das hat Papst Johannes XXIII. gezeigt. Pius XII. hatte aus Verehrung für seinen Vorgänger dessen Pius-Namen übernommen. Johannes ging wieder auf einen Apostelnamen zurück, und das nicht ohne Delikatesse. Es hatte sich nämlich schon einmal einer „Johannes XXIII." genannt, anfangs des 15. Jahrhunderts: ein Gegenpapst mit höchst zweifelhaftem Vorleben, ein Mann, von dem es heißt, er sei eine der finstersten Figuren gewesen, die jemals Unheil über die Kirche gebracht haben. Dankenswerterweise wurde er durch das Konstanzer Konzil abgesetzt. – Es ist Papst Johannes XXIII. durchaus zuzutrauen, daß er mit seiner Namenswahl an das Allzumenschliche in der Kirche erinnern und sich auch zu ihren dunklen Seiten bekennen wollte.

☞ 129

Wenn ein Name zum Begriff wird

„Mercedes" hieß das Töchterlein eines Herrn Jelinek, der erfolgreicher Kaufmann und österreichischer Konsul in Nizza war. Besagter Konsul hat als erster bei der neugegründeten Firma Daimler-Benz eine Nobelkarosse bestellt, später eine ganze Rennwagenserie, die er selbst vertrieb. Und da dieser prominente Kunde - wie gesagt - ein hübsches Kind sein eigen nannte, braucht es nicht viel Phantasie, sich vorzustellen, wie und warum Fräulein Mercedes zur Patin ganzer Generationen schwerer Wagen wurde. Die Daimler-Werksleitung übernahm jedenfalls 1902 den Namen „Mercedes" für alle ihre Wagen.

Carl Friedrich Benz ist nicht der Erfinder des Benzins, so ähnlich sein Name auch klingen mag. Aber schon 1885 hatte er seinen ersten sich selbst bewegenden Wagen (daher: auto-mobil) das Laufen gelehrt.

Fräulein Mercedes aber war auch nicht der erste Mensch, dessen Name auf überraschende Weise weltbekannt und damit verewigt wurde, wie man so sagt. Jahrhunderte vor ihr übertrug schon ein gewisser Monsieur Batist Chambrey seinen Vornamen auf ein bestimmtes Produkt der flämischen Leineweberei des 13. Jahrhunderts. Ähnlich verfuhren anno 1714 und 1742 der Glasbläser Fahrenheit und der Astronom Celsius mit ihren Thermometern und auch die Brüder Montgolfier mit ihrem ersten Heißluft-Ballon. Ferner übertrugen ihre Familiennamen Samuel Colt auf den von ihm erfundenen Trommelrevolver, Mister Pullmann auf einen Typ von Eisenbahn-Salonwagen und der Physiker Hertz auf Maßeinheiten - Hertz, Megahertz, Gigahertz -, nach denen sich noch heute alles orientiert, was mit elektromagnetischen Wellen zu tun hat.

In die Nachbarschaft gehören Herr Brehm mit seinem „Tierleben", Friedrich Arnold Brockhaus mit seinem Lexikon und Herr Duden mit seinem „Duden"; item der Buchhändler Baedeker (1801-1859) und Fürst Pückler-Muskau mit seiner köstlichen Eiskreation sowie die Herren James Watt und Georg Simon Ohm in Sachen Elektrotechnik.

Daß Ernst Litfaß 1855 in Berlin die erste Litfaßsäule aufstellen ließ, ist so wenig neu wie die Erfindung und Herstellung des Klepper-Faltboots und des schon historisch gewordenen Klepper-Mantels durch einen gleichnamigen Rosenheimer Unternehmer. Aber wußten Sie, daß der „Pfirsich Melba" nicht nach einer Mittelmeerinsel genannt ist, sondern nach der australischen Sopranistin Nellie Melba, ähnlich wie das Saxophon nach dem Musikpädagogen Professor Adolf Sax benannt wurde, der vor rund 150 Jahren dieses Blasinstrument in Paris entwickelt hat?

Da könnte einen ja geradezu die Lust anwandeln, nun zu mancherlei Gerätschaften oder Substanzen einen passenden Paten zu suchen - oder notfalls zu erfinden, z. B.:

☞ 131

Johann Friedrich Zinn sen., den glücklichen Erfinder der Zinnsoldaten; Hans Clarin als Schöpfer der heutzutage geradezu unentbehrlichen Klarinette; Alexander von der Emse, den Vater der Emser Pastillen, oder Umberto Balco, der im Verona des neunten Jahrhunderts den nach ihm benannten Balkon konstruiert und in die Architektur eingeführt hat. –

Aber damit überschreiten wir doch wohl allzu offenkundig die Grenzen der Glaubwürdigkeit ...!

Indessen gibt es zahlreiche nicht unkomplizierte Namenskombinationen mit durchaus solidem historischen Hintergrund. So zum Beispiel Robinsonaden, Eulenspiegeleien, Kassandra-Rufe oder Potemkinsche Dörfer. Was man darunter versteht?

Robinsonade	Abenteuerliche Geschichten und Romane über Schiffbruch, Rettung und Einsamkeit nach Art des „Robinson Crusoe“ aus der Hand des begabten Metzgersohnes Daniel Defoe (1660–1731).
Eulenspiegelei	Keine Euleneier, sondern ein derber Streich, weniger um anderen zu schaden als aus reiner Spottlust. Till Eulenspiegel, niederdeutsch: Ulenspegel, lebte im 14. Jahrhundert und liebte es, Aussagen wörtlich zu neh-

men und absichtlich falsch zu verstehen.
Ulen heißt übrigens niederdeutsch „fegen, putzen“, und der Spegel bedeutet „Gesäß“. Vergleiche die heute noch gebräuchliche Jägersprache!

Don Quichotterie
Närrisches Verfechten überholter Ansichten oder unsinnig eifrige Unternehmungen wie der Kampf gegen Windmühlen etc., gemäß dem Buch, mit dem Miguel de Cervantes zu Anfang des 17. Jahrhunderts die Ritterromane des 16. Jahrhunderts verspottet hat.

Münchhausiade
Aufschneiderische Abenteuergeschichten nach Art des Karl Friedrich Hieronymus Freiherr von Münchhausen (1720 – 1797). Er muß übrigens ein sehr humorvoller Gastgeber und Unterhalter gewesen sein, der wegen seiner gern gehörten Jagd- und Kriegsgeschichten unverdient zum Lügenbaron gestempelt wurde.

Potemkinsche Dörfer
Trugbilder, Vorspiegelung nicht vorhandenen Wohlstands. Der Sankt Petersburger Hofklatsch

hat Gregor Alexandrowitsch, Fürst Potemkin (1739 - 1791), nachgesagt, er habe der Zarin Katharina II. bei einer Besichtigungsreise durchs Land Kulissendörfer samt Statisten vorstellen lassen, um reges Leben in vordem türkischen Gebieten vorzutäuschen. Vermutlich steckt nur Neid auf den Geliebten der Zarin dahinter.

Mäzenatentum — Förderung von Künstlern und Wissenschaftlern. So genannt nach Gaius Cilnius Maecenas (71 v. Chr. - 8 n. Chr.), der Vergil und Horaz bereits finanziell unterstützte, als beide noch unbekannt waren.

Kassandra-Rufe — Warnrufe vor drohenden Katastrophen, vornehmlich solchen, denen niemand Glauben schenken will. Die trojanische Prinzessin Kassandra hatte schon bei der Ankunft der geraubten Helena in Troja und später erst recht beim Auftauchen des hölzernen Pferdes vor den Mauern der Stadt ihre Landsleute vergeblich vor drohendem Unheil gewarnt.

Rothlauf, Wurm und Stubenrauch

Namenskuriositäten

Wenn der Redakteur der allgemeinen deutschen Pferdezeitschrift von 1852 „Gaul" hieß, ein Redakteur für kirchliche Sendungen im Fernsehen von heute „Bischofsberger" und ein Kaplan gar „Engel", so ist dagegen nichts einzuwenden. Das gleiche gilt für eine Zahnärztin namens „Seltenlach", den Tierarzt Rothlauf und für Erich Standfest, Sprecher der Rentenversicherungsträger.

In aller Regel fallen freilich unpassende Koppelungen von Namen und Berufen deutlicher auf als Entsprechungen und Übereinstimmungen: Da gab es um die Mitte des vorigen Jahrhunderts in Kassel einen Verein für Mäßigkeit und Gesundheit, dessen Vorsitzender hieß ausgerechnet „Rausch", und für die in Moskau erscheinende Zeitschrift zur Gesundheitserziehung ist ihr Redakteur mit Namen „Krank" so wenig eine Empfehlung, wie es ein Stadtkämmerer namens „Schröpfer" oder der Kaminkehrermeister „Stubenrauch" für ihre Berufe sind, mögen sie in ihrem Fachbereich noch so kompetent sein.

Daß ein renommiertes Bankhaus in Oberfranken bis in die zwanziger Jahre „Schwindel" hieß, spricht für sein Selbstbewußtsein und gegen Vorurteile seitens der Kundschaft. Immerhin entledigte man sich dann der beiden letzten Buchstaben und ging als „Bankhaus Schwind" in die Stadtgeschichte ein.
Nun gut, es gibt tragische und weniger tragische Fälle: Wenn ein Oberförster „Unterholzer" und ein Papierfabrikant „Nothdurft" heißt, wenn es eine Schreinerei „Eisenreich" gibt und eine Gärtnerei „Wurm", wenn der Solotrompeter des Sinfonieorchesters „Geiger" und der Chef der Freiwilligen Feuerwehr „Brandmayer" heißt, – na bitte! Was wäre das Leben traurig, wenn es gar nichts zum Schmunzeln gäbe!
Aber da gibt es doch schwerwiegende Grenzfälle: Ob Siegfried Abbrecher ausgerechnet Architekt werden sollte und ob Barfuß der nächstliegende Name für ein Schuhgeschäft ist, ob für einen Juwelier der Name Halbedel tragbar und für Konrad Süßmann ausgerechnet Salzhandel en gros das Richtige wäre, darüber läßt sich auch noch streiten. Keinesfalls aber sollte das Ehepaar Fröhlich ein Bestattungsunternehmen gründen, es sei denn mit einem schönen Namen wie „Pietät und Takt" oder so ... Der Familienname selbst erscheint keinem Hinterbliebenen vermittelbar!
Das alles soll freilich nicht besagen, es gebe keine sinnreichen Entsprechungen wie „Fa. Abendschein, Lichtdesign", und den Detektiv „Augen-

reich“, den Maurermeister „Putz“ und den Theaterzimmermann „Hieb“ am Königstädtischen Theater zu Berlin. Es gibt in der Tat den Küchenchef „Hunger“ oder Adolf „Mannsport“, den Kfz-Sachverständigen, oder die Optikerin Sabine „Gukerle“, – schön, da fehlt ein kleines „c“, aber gesprochen klingt gesprochen!
Solche Beispiele sind sogar noch steigerungsfähig durch Namen, die sich ihre Schicksalsgenossen selber suchen. Dafür zwei Beispiele, von denen das erste jüngeren Datums ist, während das zweite in die Zeit um die Jahrhundertwende zurückverweist. In einer deutschen Rundfunkanstalt gab es vor wenigen Jahrzehnten einen Toningenieur namens „Rindfleisch“. Das mag nicht weiter verwundern. Daß er aber ausgerechnet die Kollegin „Kraut“ als Braut zum Altar führte, macht nachdenklich! Als Menü lassen grüßen ...!
Die klassische Zeitschrift „Charivari“ berichtete: „An den Städtischen Bühnen Braunschweig ist unlängst eine höchst interessante Künstlerehe geschlossen worden. Der Tenorist „Leber“ hat die Sopranistin „Wurst“ geheiratet. Diese ließ es sich nicht nehmen, ihren Mädchennamen beizubehalten, und wurde als Madame „Leber-Wurst“ nach Leipzig engagiert.“
Ob der Ehegatte mit umgezogen ist und damit die Braunschweiger Spezialität erhalten werden konnte, bleibt nur zu hoffen ...!

Namen wie Pech und Schwefel

Es gibt Namen, die sich von Hause aus oder spätestens in unserem Bewußtsein miteinander verknüpft haben „wie Pech und Schwefel“. Meist sind es zwei, gelegentlich aber auch einmal drei oder vier. Man findet solche Namenskombinationen überall: von der Bibel bis zum Musical, von der Kategorie „klassische Liebespaare“ bis zur Sparte der Comics.

Machen Sie einen Test, indem sie die rechte Spalte abdecken, und Sie werden merken, wie viele Verbindungen Sie auf Anhieb richtig ergänzen.

Geschichte, Sagen und Märchen

Caesar	und	Cleopatra
Brutus	und	Cassius
Kaiser Heinrich	und	Kunigunde
Goethe	und	Schiller
Achim von Arnim	und	Clemens Brentano
Orpheus	und	Euridike
Castor	und	Pollux
Paris	und	Helena
Peleas	und	Melisande
Daphnis	und	Chloë
Daedalus	und	Ikarus
Romulus	und	Remus

Volker	und	Hagen
Siegfried	und	Kriemhild
Hänsel	und	Gretel
Jorinde	und	Joringel
Schneeweißchen	und	Rosenrot

Berühmte Liebes- und Eheleute

Abälard	und	Heloise
Adam	und	Eva
Romeo	und	Julia
Tristan	und	Isolde
Philemon	und	Baucis
Dante	und	Beatrice
Faust	und	Gretchen
Petrarca	und	Laura
Eckehart	und	Uta
Leonce	und	Lena
Bastien	und	Bastienne
Papageno	und	Papagena
Porgy	and	Bess

Biblische Kontrahenten und andere Paare

Kain	und	Abel
Abraham	und	Isaak
Mose	und	Aaron
Esau	und	Jakob
Samson	und	Dalila
David	und	Goliath
Judith	und	Holofernes
Caspar, Melchior	und	Balthasar

Peter	und	Paul
Matthäus, Markus	und	Lukas und Johannes
Cosmas	und	Damian
Don Camillo	und	Peppone

Eher lustige Figuren

Max	und	Moritz
Pat	und	Patachon
Dick	und	Doof
Tünnes	und	Schääl
Hinz	und	Kunz
Plisch	und	Plum
Kreti	und	Pleti
Asterix	und	Obelix
Wum	und	Wendelin

... und außer Konkurrenz: „Pfeffer" und „Salz" – aber das gehört schon wieder in eine andere Schublade.

„Wie soll denn das Töchterchen heißen?" fragt der Standesbeamte. „Claire!" antwortet der stolze Vater. – „Moment, haben Sie sich das auch gut überlegt, Herr Grube?"

Statt eines überflüssigen Nachworts

Mit dem obigen Sortiment von Namens-Paaren schließen wir diese bunt gemischte Sammlung von Amüsantem und Nachdenklichem zu Ihrem Namen und zu Namen überhaupt.
Fühlen Sie sich weiterhin daheim in der Haut Ihres Namens, in den Sie wohl hineingewachsen sind, obschon Sie ihn sich nicht ausgesucht haben ... Glück soll Sie begleiten auf Ihren Wegen und das Geleit eines Namenspatrons, eines Vorbilds – oder guter Freunde! Schließlich noch ein herzhafter Wunsch aus einem „Schutzbrief“ von Werner Bergengruen:

„Wer ihn in seinem Hause hält,
dem schlägt kein Hagel ins Weizenfeld.
Seine Kirschen sind sicher vor Spatzen,
kein Wasserrohr darf ihm platzen,
kein böses Maul ihn verklagen,
kein Fieber die Kinder ihm plagen.
Das Feuer muß von ihm weichen,
der bittere Hunger desgleichen ...
Es dürfen Ratten und Maden
seinem Rauchfleisch und Mehl nicht schaden.
Pest, Diebe und Polizei
gehen an ihm vorbei ...
Denselben wird Gott bekräften
zu allen seinen Geschäften.“

Die Namensreihe des Styria-Geschenkbuchs

Wenn Ihnen dieses Buch gefallen hat, dann machen Sie doch lieben Menschen eine Freude. Von diesen Namen gibt es bisher solche Bücher:

Alexander	3-222-20000-9	Klaus	3-222-20025-4
Andreas	3-222-20001-7	Lukas	3-222-20026-2
Benjamin	3-222-20002-5	Manfred	3-222-20027-0
Bernd	3-222-20003-3	Markus	3-222-20028-9
Bernhard	3-222-20004-1	Martin	3-222-20029-7
Christian	3-222-20005-X	Matthias	3-222-20030-0
Christoph	3-222-20006-8	Maximilian	3-222-20031-9
Daniel	3-222-20007-6	Michael	3-222-20032-7
David	3-222-20008-4	Oliver	3-222-20033-5
Dieter	3-222-20009-2	Patrick	3-222-20034-3
Dominik	3-222-20010-6	Paul	3-222-20035-1
Florian	3-222-20011-4	Peter	3-222-20036-X
Frank	3-222-20012-2	Philipp	3-222-20037-8
Franz	3-222-20013-0	Ralf	3-222-20038-6
Georg	3-222-20014-9	Robert	3-222-20039-4
Gerhard	3-222-20015-7	Rudolf	3-222-20040-8
Günter	3-222-20016-5	Sebastian	3-222-20041-6
Hans	3-222-20017-3	Stefan	3-222-20042-4
Helmut	3-222-20018-1	Thomas	3-222-20043-2
Herbert	3-222-20019-X	Tobias	3-222-20044-0
Johannes	3-222-20020-3	Ulrich	3-222-20045-9
Jörg	3-222-20021-1	Walter	3-222-20046-7
Josef	3-222-20022-X	Werner	3-222-20047-5
Jürgen	3-222-20023-8	Wolfgang	3-222-20048-3
Karl	3-222-20024-6		

Alexandra	3-222-20100-5	Kathrin	3-222-20128-5
Andrea	3-222-20101-3	Kerstin	3-222-20129-3
Angelika	3-222-20102-1	Laura	3-222-20130-7
Anna	3-222-20103-X	Lisa	3-222-20131-5
Barbara	3-222-20104-8	Manuela	3-222-20132-3
Birgit	3-222-20105-6	Maria	3-222-20133-1
Brigitte	3-222-20106-4	Marianne	3-222-20134-X
Christa	3-222-20107-2	Marion	3-222-20135-8
Christine	3-222-20108-0	Martina	3-222-20136-6
Claudia	3-222-20109-9	Melanie	3-222-20137-4
Daniela	3-222-20110-2	Michaela	3-222-20138-2
Elfriede	3-222-20111-0	Monika	3-222-20139-0
Elisabeth	3-222-20112-9	Nicole	3-222-20140-4
Erika	3-222-20113-7	Petra	3-222-20141-2
Eva	3-222-20114-5	Renate	3-222-20142-0
Franziska	3-222-20115-3	Sabine	3-222-20143-9
Gabriele	3-222-20116-1	Sandra	3-222-20144-7
Gertraud	3-222-20117-X	Sarah	3-222-20145-5
Gisela	3-222-20118-8	Silvia	3-222-20146-3
Hannelore	3-222-20119-6	Simone	3-222-20147-1
Helga	3-222-20120-X	Sophie	3-222-20148-X
Hildegard	3-222-20121-8	Stefanie	3-222-20149-8
Ingeborg	3-222-20122-6	Susanne	3-222-20150-1
Ingrid	3-222-20123-4	Tanja	3-222-20151-X
Julia	3-222-20124-2	Ulrike	3-222-20152-8
Jutta	3-222-20125-0	Ursula	3-222-20153-6
Karin	3-222-20126-9	Verena	3-222-20154-4
Katharina	3-222-20127-7	Veronika	3-222-20155-2

☞ 143

Quellenverzeichnis

S. 47: Senorita Milagros. Erstmals unter dem Titel „Spanische Anekdoten" (I: Das Gelübde) in: Berliner Tageblatt, 21. Februar 1925; aus: Victor Auburtin, Gesammelte Werke in Einzelbänden, Bd. 4. © by Verlag Das Arsenal, Berlin

S. 51: Hermann Hackel, Jüdisches Kind. © by Elisabeth Baumann

S. 54: Helmut Zöpfl, A bißl schizophren. © by Helmut Zöpfl

S. 59: Eike Christian Hirsch, Mich gibt es doppelt. Aus: ders., „Kopfsalat. Spottreportagen für Besserwisser". © 1988 by Hoffmann und Campe Verlag, Hamburg

S. 77: James Krüss, Wettdichten mit dem Urgroßvater. Aus: ders., Mein Urgroßvater und ich, Verlag Friedrich Oetinger, Hamburg 1959

S. 82: Joseph von Westphalen, Namenssuche. Aus dem Kapitel „Der Mechanismus der Vermehrung oder Die Qualen der Vaterschaft" in dem Band „Das Drama des gewissen Etwas – Über den guten Geschmack und andere Vorschläge zur Verbesserung der Welt" entnommen. © 1994 Deutscher Taschenbuch Verlag, München

S. 85: Erdmute Heller, Leben mit einem ungewöhnlichen Vornamen. © by Erdmute Heller

S. 118: Eugen Roth, Die guten Bekannten. Aus: ders., Sämtliche Werke, Band 1, Carl Hanser Verlag, München 1977. © by Eugen Roth Erben

S. 118: Otfried Preußler, Wenn erst einmal der Name stimmt. © by Regine Stigloher

S. 141: Werner Bergengruen, Auszug aus „Schutzbrief", erschienen in „Figur und Schatten", Arche Verlag, Zürich 1958. © by N. Luise Hackelsberger